Socialismo.info

In copertina

Garibaldi: "Padre Pio, prendete questo cappello: lo troverete molto più comodo del vostro".

(Civica raccolta stampe Bertarelli, Milano)

edizione 2018
proprietà riservata

MIKOS TARSIS

DIRITTO LAICO

Quando perdiamo il diritto a essere diversi,
perdiamo il privilegio d'essere liberi.

Charles Evans Hughes

Nato a Milano nel 1954, laureatosi a Bologna in Filosofia nel 1977, già docente di storia e filosofia, Mikos Tarsis (alias di Enrico Galavotti) si è interessato per tutta la vita a due principali argomenti:
Umanesimo Laico e Socialismo Democratico, che ha trattato in homolaicus.com e che ora sta trattando in quartaricerca.it e in socialismo.info.
Ha già pubblicato *Pescatori di favole. Le mistificazioni nel vangelo di Marco*, ed. Limina Mentis; *Contro Luca. Moralismo e opportunismo nel terzo vangelo*, ed. Amazon.it; *Protagonisti dell'esegesi laica*, ed. Amazon.it; *Metodologia dell'esegesi laica*, ed. Amazon.it; *Amo Giovanni*, ed. Bibliotheka.
Per contattarlo info@homolaicus.com o info@quartaricerca.it o info@socialismo.info
Sue pubblicazioni su Lulu.com e su Amazon

Premessa

Un tempo, prima ancora che nascessero le cosiddette "civiltà", la parola data era sacra, poiché era un impegno che si prendeva in coscienza, e chi non la manteneva veniva sanzionato dal biasimo collettivo, e tutto finiva lì.

Oggi la parola data non ha più alcun valore, se non nei debiti di gioco o nelle relazioni tra marito e moglie. Eppure viviamo in un'epoca "cristiana", in cui dovrebbe valere il principio evangelico: "non giurate mai: né per il cielo, perché è il trono di Dio; né per la terra, perché è lo sgabello per i suoi piedi; né per Gerusalemme, perché è la città del gran re. Non giurate neppure per la vostra testa, perché non avete il potere di rendere bianco o nero un solo capello. Sia invece il vostro parlare sì, sì; no, no; il di più viene dal maligno" (Mt 5,34 ss.). Con un principio del genere gli aspetti giuridici avremmo dovuto abolirli completamente.

La legge è un prodotto delle *civiltà*, cioè è nata in un contesto di *sfiducia reciproca* tra i componenti di una determinata comunità. L'estraneità, che è spia di un certo antagonismo sociale, ha fatto progressivamente emergere l'esigenza di vincolare il proprio avversario, già in qualche maniera sottomesso, a conseguenze molto gravi nel caso in cui volesse violare o rimettere in discussione un determinato assetto di rapporti di forza. Prima di regolamentare i rapporti tra tribù ostili, la legge è servita per regolamentare i rapporti sociali interni a una tribù.

Quando nel racconto del Genesi vien detto che nell'Eden esisteva un divieto esplicito di fare una determinata cosa, significava che già all'interno di una medesima tribù vi erano forze tendenzialmente opposte, di cui una, quella rappresentata dalla donna, sempre più favorevole a uno stile di vita esterno alla propria tribù, che nel racconto viene rappresentato dal serpente. Il primo divieto formale viene posto in presenza di un antagonismo fra tribù rivali. Viene posto sperando che con la paura si potesse tenere uniti gli ultimi componenti di una tribù che rischiava di soccombere alla forza di quelle confinanti. Un espediente che avrebbe potuto funzionare in via del tutto transitoria e certamente non all'interno di una reiterata assenza di quel fondamentale collante sociale che si chiama "consapevolezza interiore collettiva".

Il principale assetto di rapporti di forza che caratterizza il sorgere delle civiltà e quindi di una qualche legislazione repressiva è stato quello dei *rapporti di proprietà*. Ci si può chiedere se questa affermazione possa essere applicata anche alla civiltà ebraica, quale venne formandosi sotto la legislazione mosaica, poiché quest'ultima, coi suoi dieci comandamenti, viene considerata ancora oggi un modello basilare per tantissime legislazioni nazionali. La domanda è legittima, in quanto è difficile sostenere che la legge mosaica rispecchiasse in maniera adeguata i rapporti sociali antecedenti alla caduta edenica.

Il fatto è che un popolo che si emancipa da una condizione di schiavitù, non può di punto in bianco tornare a vivere una condizione di vita totalmente priva di antagonismi sociali. Occorre una legislazione temporanea. E quella che si diedero gli ebrei era enormemente più avanzata di tutte le legislazioni degli Stati schiavistici dell'epoca.

Quando entrò in scena Gesù Cristo non venne proposta una nuova legislazione; venne semplicemente detto che fino a quando gli uomini non avessero imparato a convivere pacificamente tra loro a prescindere dalle leggi, queste sarebbero rimaste. Al massimo, nel vangelo di Giovanni (13,24), si parla di "comandamento dell'amore": amarsi gli uni gli altri sull'esempio del Cristo.

Un comandamento, questo, che, detto a prescindere dalle contraddizioni sociali, rifletteva un tradimento ancora più sofisticato di quello che possiamo constatare nei vangeli sinottici, laddove si afferma che l'unica legge che riassumeva tutti i comandamenti era il principio di amare contemporaneamente dio e il prossimo come se stessi, ch'era peraltro già previsto nell'Antico Testamento, tant'è che nel vangelo di Marco (12,28 ss.), quando Cristo incontra lo scriba che gli chiede quali siano i comandamenti principali, alla fine della discussione i due si trovano in perfetto accordo. L'unica cosa che lo scriba doveva ancora capire, per diventare un perfetto "cristiano", era quella di credere che Gesù fosse l'unigenito figlio di dio.

Il tradimento della chiesa petro-paolina era consistito proprio in questo, nel far credere che tutta la legge si racchiudesse in una mera questione della *coscienza personale*, a prescindere completamente dalle condizioni esterne in cui essa deve agire. Un principio, questo, che al massimo avrebbe potuto trovare una qualche giustificazione in una società priva di conflitti sociali, di classe. Diversamente esso aveva e ancora oggi ha soltanto un significato conservativo dei rapporti esistenti, qualunque essi siano, dunque anche quelli antagonistici. Un principio, dunque, non molto superiore a quello buddhista.

In realtà se non si pongono le condizioni per cui quel sacrosanto principio possa essere applicato, il suo valore è minimo. E la condizione fondamentale è quella di rovesciare il potere politico ed economico che impedisce di applicare quel principio nell'ambito dell'intera società.

La chiesa ricadde nei limiti dell'ebraismo, imponendo, attraverso i propri dogmi, una determinata interpretazione dell'oggetto della propria fede. Tornò di nuovo in auge la legge appena essa fruì di un certo potere istituzionale.

Questo per dire che una volta fatta la rivoluzione politica, è necessario porre le condizioni che tendono a ridurre progressivamente il peso della legge, puntando l'attenzione sulla *socializzazione dei beni, umani e naturali*.

Introduzione al concetto di laicità

Come viene intesa la laicità dalla chiesa romana

Nell'occidente cattolico si è soliti distinguere nettamente la parola "laicità" (che viene accettata anche dai credenti) dalla parola "laicismo" (che i credenti tendono a equiparare ad "ateismo", ad "anticlericalismo" oppure, nel migliore dei casi, ad "agnosticismo").

In realtà la laicità intesa dai cattolici è semplicemente il modo di essere o di esistere, in una qualunque società civile, da parte di chi non è espressamente chierico regolare o secolare. I laici cattolici sono appunto i cattolici professi, siano essi praticanti o solo credenti, che non hanno ricevuto il sacramento dell'ordine. Nelle statistiche nazionali compiute dall'Istat la chiesa romana tende a vedere come "laici cattolici" anche i semplici battezzati, tant'è che si è soliti definire l'Italia come un paese a stragrande maggioranza cattolico. Di qui le richieste da parte di molti laici non cattolici di ottenere un certificato dello "sbattezzo", che permetta loro di uscire definitivamente dalle statistiche basate su un sacramento imposto dai propri genitori.

Conseguenza di ciò è che, per la chiesa romana, un politico cattolico risulta "laico" soltanto in quanto non è membro a pieno titolo del clero, benché di questo clero egli faccia tutti gli interessi e a questo stesso clero debba in qualche modo rendere conto, se vuole ottenere un incarico politico o se vuole essere riconfermato nel seggio che ricopre. La chiesa romana infatti è in grado, come si suol dire, di "muovere le masse".

Quindi, come si può notare, il concetto di laicità viene inteso dalla chiesa cattolica non tanto in riferimento ai contenuti ideali di una dottrina politica o filosofica, quanto piuttosto in riferimento allo stato anagrafico di un individuo o anche di un intero popolo che in qualche modo risulta essere "gerarchicamente" sottomesso al clero.

A dir il vero le due maniere principali in cui si verifica tale sottomissione sono le seguenti: la prima è quella espressamente *politica* (e qui in maniera o *diretta*, come nel Medioevo, nell'ambito dello Stato della chiesa, oppure *indiretta*, come quando il papato si serviva delle monarchie assolute, ma anche, più di recente, del Partito popolare di don Luigi Sturzo, della Democrazia cristiana di Alcide De Gasperi, dell'Udc di Pierferdinando Casini: tutti partiti "cattolici" per eccellenza); la seconda maniera è invece quella genericamente *etico-culturale*, che si verifica ogniqualvolta la chiesa vuole interferire nelle leggi dello Stato che regolamentano argomenti cosiddetti "sensibili", inerenti alla libertà di coscienza.

Ogni altra forma di laicità è, per detta chiesa, un pericoloso "laicismo", nei cui confronti essa cerca sempre di sostenere che la vera "laicità" non è mai contraria alla religione, né a una presenza politica di tipo confessionale gestita appunto dai cosiddetti "laici cattolici".

Laicità, per i cattolici, siano essi moderati o integristi, non può ovviamente dire "separazione di chiesa e Stato", ma esattamente il contrario, come appunto attesta la formulazione di tutte quelle leggi compatibili coi principi della chiesa e che trovano il loro puntello giuridico fondamentale nel Concordato, recepito dall'art. 7 della Costituzione italiana.

Per i cattolici integristi (o integralisti), che in tal senso si differenziano da quelli democratici (un po' come Comunione e Liberazione si distingue dall'Azione Cattolica), "laicità" vuol dire riconoscere espressamente alla chiesa il diritto di fare politica e il dovere di riconoscere i principi religiosi come superiori a quelli etici e come fondanti la migliore tradizione storica dell'Italia e addirittura dell'intera Europa.

Non a caso son proprio questi movimenti e partiti religiosi che si richiamano continuamente a principi che a dir obsoleti è poco, come p.es. "religione maggioritaria", "tradizioni religiose consolidate", "identità cristiana nazionale", "radici cristiane europee", "ispirazione cristiana" ecc. Quest'ultima viene ancora usata per qualificare l'identità di un partito politico, senza rendersi conto che è definitivamente tramontata la cosiddetta "unità politica dei cattolici", quella che faceva da collante per chi, da cattolico, voleva impegnarsi in politica.

La politica va affrontata con raziocinio e buon senso, non con la fede nell'autorità suprema del pontefice. In Italia l'ultima illusione di poter creare una società democratica in nome del cattolicesimo è stata offerta dalla Democrazia cristiana, distrutta completamente dagli scandali e già ampiamente screditata quando uno dei suoi leader più significativi, Aldo Moro, fu lasciato morire dagli stessi colleghi di partito, con l'avallo di papa Montini, che chiese alle Brigate rosse di liberarlo "senza condizioni". Dalle ceneri della Dc la parte migliore è confluita nel centro-sinistra e la parte peggiore, ampiamente maggioritaria, nel centro-destra.

"Espressione politica della fede religiosa", concretamente, ha significato per la chiesa romana tutta una serie di privilegi, la maggior parte dei quali tuttora esistente:

1. l'insegnamento confessionale di una fede religiosa nell'ambito della scuola statale, in orario curricolare, impartito da docenti pagati dallo Stato;

2. possibilità di svolgere forme di culto religioso nell'ambito della medesima scuola (benedizioni pasquali, messa d'inizio anno ecc.);
3. pretendere che il calendario civile consideri festivi per tutti i cittadini la domenica, la pasqua, il natale, l'epifania, l'immacolata concezione, l'assunzione e tutti i santi;
4. interferire sulla legislazione di uno Stato allo scopo di boicottarla (invitando p.es. i medici all'obiezione di coscienza);
5. creare spazi e strutture esclusive e permanenti di tipo religioso in luoghi statali o pubblici (p.es. le cappelle religiose negli ospedali e nei cimiteri);
6. possibilità di esporre in maniera esclusiva e permanente, nell'ambito delle istituzioni statali, simboli dal chiaro contenuto religioso (p.es. il crocefisso);
7. istituire figure ecclesiastiche esclusive e permanenti nell'ambito delle forze armate (p.es. i cappellani militari);
8. fruire dell'extraterritorialità nei processi giudiziari (clamoroso p.es. fu il caso Marcinkus, ma non meno eclatanti sono stati i tentativi d'insabbiare i processi per pedofilia del clero);
9. essere esentati da controlli fiscali nelle proprie attività affaristiche e dal pagamento di varie imposte immobiliari;
10. possedere proprie banche esenti da controlli da parte della Banca d'Italia o da altri organismi finanziari nazionali (il che inevitabilmente favorisce l'esportazione di capitali all'estero e il riciclaggio del denaro sporco);
11. poter dare al matrimonio religioso un effetto civile;
12. usare i battesimi come strumento statistico nazionale per quantificare il numero dei cattolici;
13. fare campagne sociali che minacciano la sicurezza dei cittadini (p.es. contro l'uso del profilattico nei casi di malattie infettive);
14. poter fruire dello strumento del Concordato e dei Patti Lateranensi nei propri rapporti con lo Stato, mentre tutte le altre confessioni debbono accontentarsi di semplici Intese;
15. far giurare sulla Bibbia di dire la verità nei processi giudiziari;
16. poter usare a propria discrezione, violando il diritto al riposo e al silenzio, l'uso delle campane per il richiamo al culto;
17. far sottoporre dallo Stato i cittadini a domande circa il loro atteggiamento nei confronti della religione;
18. dover accettare, da parte dello Stato, la presenza di un esponente dell'alto clero cattolico in occasione di particolari manifestazioni pubbliche, inaugurazioni di eventi e quant'altro.

Per queste e per molte altre ragioni, qui non elencate, è tempo di riformulare l'art. 7 della nostra Costituzione in termini più democratici, garantendo davvero a tutti la libertà di coscienza, a prescindere dalle opinioni che i cittadini possono avere in materia di fede. Una proposta potrebbe essere la seguente: "Ai cittadini è garantita la libertà di coscienza, cioè il diritto di professare qualsiasi religione o di non professarne alcuna, di compiere atti di culto e di svolgere propaganda a favore di idee religiose o non religiose. L'istigazione a qualunque forma di ostilità in rapporto a credenze religiose o non religiose è vietata. Lo Stato è laico e a-confessionale, separato da qualunque confessione religiosa".

Come dovrebbe essere intesa la laicità in uno Stato democratico?

Il concetto di "laicità" che hanno i cattolici non ha nulla a che vedere con quello che si dovrebbe avere all'interno di uno Stato laico e democratico.

Laicità non significa affatto permettere a una confessione religiosa di fare politica o d'interferire nelle leggi dello Stato, poiché quando ciò avviene non si affermano i principi della laicità, ma quelli dell'integralismo politico-religioso, che nel Medioevo si chiamava "teocrazia" e che oggi equivale al cosiddetto "fondamentalismo", termine che però i paesi occidentali sono soliti usare solo in riferimento all'islam radicale, fanatico, terrorista, in una parola "non moderato", e questo senza rendersi conto che la stessa chiesa romana, anche dopo la fine del proprio Stato nel 1870, continua ad esercitare un proprio "fondamentalismo" attraverso appunto i "laici cattolici", mentre nell'ultima porzione del proprio Stato (la Città del Vaticano) continua addirittura ad esercitarlo senza alcuna mediazione laica, facendo valere *in toto* i principi della monarchia pontificia, che è di carattere assolutistico.[1]

Quest'ambiguità, nell'uso del termine laicità, necessita di alcune precisazioni. In senso lato laicità vuol dire tolleranza, rispetto delle idee altrui, confronto tra posizioni diverse su basi paritarie (pluralismo): è in sostanza l'atteggiamento etico ed esistenziale di chi è disposto ad ascoltare tutti, non avendo dogmi da far valere, di chi cioè resta alla ricerca della verità delle cose, usando non solo lo strumento della *fiducia* ma anche quello del *dubbio*, e che, quando esprime dei giudizi, si affida al *buon*

---

[1] Esiste una sorta di "Legge fondamentale dello Stato del Vaticano", ma sin dall'art. 1 s'afferma chiaramente che è il pontefice ad avere la pienezza dei poteri legislativo, esecutivo e giudiziario. Il Collegio cardinalizio non può far nulla di decisivo, neppure in caso di "sede vacante".

senso, alla *razionalità*, al rispetto soprattutto dei *valori umani*, nella considerazione che l'ultima parola non può mai essere detta, proprio perché non lo permette la complessità della vita, che anzi ci obbliga ad un affronto duttile, flessibile, dialettico delle contraddizioni della realtà.

Tale laicità viene accettata dalla chiesa romana come una forma di "buona educazione", in quanto è notorio che con essa l'individuo non vuol porsi in via pregiudiziale contro alcuna posizione religiosa. Si è democraticamente disponibili al dialogo (alcuni credenti qui usano l'espressione "essere ecumenici").

Tuttavia la chiesa romana (ma questo vale per ogni chiesa), si basa su dogmi irrinunciabili, per cui, quando questi dogmi vengono contestati, la laicità non viene più avvertita come una forma di "cortesia", ma, al contrario, come una vera e propria minaccia, un pericolo, un attacco ai fondamenti del proprio esistere. La laicità va bene fino a quando, di fronte alle fondamentali tesi dottrinali che costituiscono la legittimità della chiesa, si resta sostanzialmente neutrali, equidistanti da ogni posizione univoca.

La vera laicità che secondo la chiesa romana dovrebbero concepire e vivere i non-credenti (o i non-cattolici) coincide con l'*epoché*, cioè con la sospensione del giudizio riguardo ai principi fondamentali della vita, i cosiddetti "fini ultimi" dell'esistenza umana, sui quali, detta chiesa, pensa di poterne detenere legittimamente il monopolio interpretativo.

Su questo modo d'intendere la laicità bisogna tentare di fare chiarezza. Tutti sanno che la laicizzazione non è un fenomeno di oggi. In Europa occidentale gli storici l'ha fanno addirittura risalire alla nascita dei primi Comuni medievali, come espressione di una nuova classe sociale: la borghesia, la quale poté svilupparsi grazie anche al fatto che la chiesa romana, nei suoi livelli istituzionali, aveva già ampiamente corrotto gli ideali cristiani originari, facendo della fede religiosa una questione di puro e semplice potere politico, in cui il papato doveva apparire superiore non solo al concilio della chiesa universale ma anche a qualunque autorità statale.

Lo sviluppo della borghesia avvenne lentamente, subendo persino una battuta d'arresto in occasione della Controriforma, ma alla fine essa riuscì a imporsi sull'integrismo ecclesiastico della curia pontificia.

Dunque il concetto di laicità è strettamente connesso, sul piano storico, allo sviluppo della borghesia e ha avuto, in tempi più recenti, ulteriori approfondimenti con la nascita delle idee socialiste.

La borghesia, che ha trovato nel protestantesimo (soprattutto nella corrente calvinista) la sua giustificazione più significativa, ha elaborato una propria concezione della laicità, che la chiesa romana ha dapprima rifiutato, ritenendola troppo irreligiosa, e che poi ha accettato attraverso lo strumento politico del Concordato, il quale ha permesso alla stessa chiesa di continuare a esercitare un certo peso politico nella società borghese.

Si consideri che il primo "concordato" la chiesa lo stipulò al tempo della lotta fra papato e impero per le investiture ecclesiastiche, allorquando gli imperatori tedeschi volevano fare dei vescovi-conti un loro strumento politico, mentre il papato ambiva a subordinare a sé persino gli imperatori.

Per quale motivo la borghesia è stata ad un certo punto indotta a scendere a patti col papato quando avrebbe potuto farne a meno, avendo già un relativo consenso sociale, una certa coerenza ideologica e soprattutto sufficiente potere politico-militare per difendere le proprie posizioni? Il motivo è semplice: la borghesia rappresenta un tipo di società basata sul rapporto di classi contrapposte, né più né meno di quanto rappresentava la classe aristocratica. Per fronteggiare questo conflitto sociale essa, ad un certo punto, ha cominciato ad avvertire il bisogno di trovare nella chiesa un proprio alleato.

A partire dal momento in cui sono sorte queste forme di collaborazione reciprocamente vantaggiosa, la borghesia è stata progressivamente indotta ad attenuare la radicalità del proprio laicismo. La laicità s'è trasformata in qualcosa di ambiguo. Se prima, p.es., essa prevedeva la separazione di chiesa e Stato ("libera chiesa in libero Stato"), ora invece prevede una sorta di compromesso (la chiesa diventa "uno Stato nello Stato"). Il tradimento dei princìpi laici e democratici da parte della borghesia non ha fatto altro che avvalorare la pretesa "funzione di supplenza" che la chiesa romana (e in fondo ogni chiesa) cerca sempre di rivendicare.

Di qui l'esigenza di portare la laicità a conseguenze più logiche e coerenti da parte di quelle classi sociali che si oppongono politicamente alla borghesia e alla chiesa insieme. Il socialismo democratico non si pone soltanto l'obiettivo di *socializzare la proprietà privata dei principali mezzi produttivi*, ma anche quello di sostenere un effettivo *umanesimo laico*, che eviti di stipulare con qualsivoglia confessione delle convenzioni che snaturino le idee di fondo della laicità.

Le difficoltà nella definizione del concetto di laicità

In che senso andrebbe intesa la laicità in una società che pretendesse davvero d'essere democratica? È difficile rispondere a questa domanda e non solo per le ambiguità semantiche dovute alla cultura cristiano-borghese. La laicità non è un concetto che si può definire in maniera univoca. Forse qualcuno si potrebbe meravigliare se sostenessimo ch'era più laico il monoteismo ebraico che non il politeismo pagano, o che lo era di più la teologia scolastica con le sue prove dell'esistenza di dio che non quella agostiniana con la sua ricerca interiore della verità (*ex veritatibus aeternis*). Molti sono convinti che la riscoperta medievale dell'aristotelismo, in ambito teologico accademico, possa essere definita un esempio di laicità cristiano-borghese. Ma non fu forse la teologia apofatica bizantina che permise all'Umanesimo italiano di scoprire nel platonismo le proprie radici laiche?

Infatti, finché si resta sul terreno etico-esistenziale, ci si può intendere abbastanza facilmente. I problemi interpretativi subentrano invece quando il concetto di laicità assume connotati più spiccatamente ideologici o politici.

In astratto nessuno può negare che la laicità sia un prodotto della secolarizzazione delle idee e dei costumi: un fenomeno strettamente legato, in occidente, ad attività di tipo commerciale e soprattutto industriale, dove il successo di un'impresa dipende da valori e atteggiamenti che di autenticamente religioso, in senso cristiano, hanno ben poco. Non si fa profitto amando il prossimo, ma, al contrario, odiandolo, fino al punto in cui il profitto diventa un'attività così naturale e generalizzata che prescinde del tutto da atteggiamenti di tipo etico, nel senso che si può anche fare a meno di percepire l'altrui persona come un mero strumento della propria ricchezza, in quanto lo è in maniera semplicemente oggettiva.

Noi definiamo "processo di secolarizzazione" il tentativo della borghesia di attribuire unicamente a se stessa le ragioni del proprio successo economico. Dobbiamo specificare il termine "borghesia" proprio perché, storicamente, la secolarizzazione in Europa occidentale s'è legata allo sviluppo di questa classe. Il che non significa ch'essa non avrebbe potuto formarsi in altre forme e modi. Per noi è sufficiente sostenere che sul piano storico, in Europa occidentale, la secolarizzazione è avvenuta contestualmente allo sviluppo prima del capitalismo commerciale, poi di quello manifatturiero e infine di quello industriale, tutti e tre ampiamente sostenuti dalla rivoluzione tecnico-scientifica, dalla diffusione dell'istruzione di massa, dall'urbanizzazione e da altri fenomeni collaterali.

Qui non è il caso di affrontare l'argomento di come una cultura secolarizzata abbia potuto influire sulla nascita del capitalismo e di come sia avvenuto anche il contrario: è evidente infatti che non esiste un "prima" e un "dopo", una causa "superiore" e una "inferiore", ma semplicemente una reciproca influenza. Qui è sufficiente sostenere che il fenomeno della secolarizzazione è diventato col tempo così diffuso che lo si dà per socialmente acquisito, cioè è diventato così imprescindibile da risultare persino indipendente dalla volontà soggettiva di chi lo vive quotidianamente.

La laicizzazione non è stata altro che una progressiva consapevolezza della necessità di una secolarizzazione storicamente nata in maniera spontanea, nell'ambito di una classe sociale che voleva progressivamente emanciparsi da regole di tipo ecclesiastico, da poteri di tipo clericale. Che poi detta borghesia si sia data, nella sua fase iniziale, delle regole religiose al posto di altre, non cambia la sostanza delle cose. È evidente che in una società dominata da una cultura di tipo religioso, occorre trovare in questo medesimo campo la formulazione di quei principi in grado di incrinare la solidità dei poteri dominanti. È vero, in questo senso, che i valori dell'Umanesimo e del Rinascimento erano più laici di quelli della Riforma protestante, ma è anche vero che questa fu un fenomeno enormemente più popolare.

Nelle società borghesi (più in quelle euroccidentali che in quelle nordamericane) il processo oggettivo della laicizzazione è andato avanti in maniera abbastanza lenta, sia perché la borghesia ha dovuto combattere contro forze clericali, nobiliari e feudali tenacemente legate al passato, sia perché, quando s'è trovata a combattere un nuovo nemico: il proletariato, essa è andata a cercare appoggi e intese tra i nemici di un tempo, che non hanno esitato ad aiutarla, pur di ottenere in cambio determinati favori e privilegi.

Sicché in sostanza si può dire che nelle società occidentali il laicismo ha continuato a svilupparsi non tanto grazie alla borghesia, che pur col proprio stile di vita allontana sempre di più dalla religione, quanto grazie al movimento operaio e agli intellettuali di sinistra, che fanno del laicismo un modo per combattere il clericalismo della chiesa romana e i compromessi cui la borghesia s'è dovuta piegare per poter continuare a dominare. Le forze socialiste possono attribuire al concetto di laicità una maggiore coerenza democratica.

La separazione tra Stato e chiesa

Quando il laicismo coerente si connette alla *politica*, pretende sempre la *separazione* di Stato e chiesa e anche di chiesa e scuola; quando invece si connette all'*ideologia*, si qualifica o come *ateismo* o come *agnosticismo*.

Separazione, Ateismo e Agnosticismo sono termini che ogni chiesa, specie quella romana, rifugge come il diavolo l'acqua santa. Ad essi facilmente si è soliti abbinare, a seconda delle esigenze, termini come "anticlericalismo", "irreligiosità", "persecuzione", "testimonianza della verità fino al martirio", "disumanizzazione", "nichilismo"..., fino a quelli più fantasiosi e tragici, molto noti nel passato, come "apocalisse", "principe di questo mondo", "anticristo" e così via.

Vediamo ora quello più semplice da capire: la *separazione tra Stato e chiesa*. Uno Stato democratico, o repubblicano che sia, è tanto più a-confessionale quanto più è pluriconfessionale la società civile. Finché esiste una confessione religiosa che sovrasta numericamente tutte le altre, è facile che lo Stato sia confessionale, anche se non inevitabile: scegliere il criterio della *maggioranza* per definire da che parte stare è per lo Stato garanzia sufficiente di appoggio politico da parte dei credenti, e uno Stato che riflette gli interessi delle classi dominanti - come generalmente esso fa da quando è nato - non può che comportarsi così.

Quando, agli albori dell'epoca moderna, si sono formati gli Stati assolutisti, fu subito evidente, data la loro intrinseca debolezza, ch'era meglio cercare accordi con la confessione religiosa più forte, a condizione ovviamente ch'essa accettasse l'assolutismo del monarca, cioè l'idea che la sua autorità politica non poteva dipendere da quella della chiesa. Il che non sempre avveniva: in Inghilterra p.es. ci fu una dura lotta tra cattolici e anglicani e in Francia tra cattolici e ugonotti e in Germania tra cattolici e luterani. Diciamo che là dove le guerre di religione furono abbastanza sanguinose, lì si affermò più facilmente la neutralità dello Stato nei confronti di qualunque confessione. Viceversa, gli Stati cattolici che bloccarono sul nascere la Riforma protestante, restarono prevalentemente confessionali (Italia, Spagna, Portogallo, Impero austro-ungarico ecc.).

Va inoltre detto che le confessioni protestanti tendono a non intromettersi politicamente negli affari dello Stato, per cui è più facile che nelle società a maggioranza protestante, lo Stato sia a-confessionale, anche se, in realtà, i protestanti, dopo aver ridotto la religione all'osso, tendono a fare dello Stato la loro propria chiesa. Questa cosa, p.es., è molto evidente negli Stati Uniti, dove i presidenti in carica chiedono spesso la "benedizione divina" quando compiono azioni militari; persino sulle loro banconote è scritto a chiare lettere "In God we trust", con tanto di occhio divino presente in maniera esoterica sopra una piramide tronca. Lo Stato "protestante" sembra una sorta di espressione politica laicizzata di una confessione religiosa tipicamente borghese: la laicità sta semplicemente nel fatto che in maniera ufficiale non viene sponsorizzata alcuna particolare confessione.

Situazione completamente diversa è quella dei paesi ortodossi, dove non è tanto la chiesa a rivendicare un ruolo politico, ma è piuttosto lo Stato che spontaneamente vuol fare di quella religione una propria espressione naturale. Essendo l'ortodossia una fede nazionale, per lo Stato è inconcepibile non tutelarla in maniera particolare. Tuttavia in questi paesi la confessionalità statale ebbe fine con la realizzazione del socialismo statale (in Russia sin dal 1917), che previde subito la separazione di chiesa e Stato e di chiesa e scuola. Praticamente solo la Grecia rimase fuori da questo percorso storico.

Dunque in Europa occidentale continuiamo ad avere una doppia tipologia di Stati: quelli a tradizione protestante, che tendono ad essere a-confessionali, e quelli a tradizione cattolica, che tendono invece ad essere confessionali (tramite p.es. lo strumento del Concordato). Questo perché la chiesa romana, concependosi come realtà politica, pretende d'intromettersi nella gestione dei governi in carica (p.es. interferendo sui contenuti delle leggi).

Gli Stati dei paesi cattolici sono dunque laici solo molto relativamente e se vengono messi nelle condizioni di dover fare una scelta in campo religioso, stanno sempre dalla parte della maggioranza. Essi solo in teoria si dicono equidistanti, prevedendo anche, nella Costituzione, la libertà di coscienza e di religione, ma nella pratica sono chiaramente orientati a favore di una confessione particolare, quella appunto maggioritaria.

Nell'Europa occidentale un regime vero e proprio di separazione tra Stato e chiesa esiste solo in maniera molto approssimativa. Nella "laica" Inghilterra, p.es., la regina è anche capo della chiesa anglicana: è difficile pensare che un paese pluriconfessionale come quello e sostanzialmente scettico in materia di fede, possa dirsi istituzionalmente a-confessionale. D'altra parte anche la Francia, che pur ha visto nascere nel suo territorio l'ateismo più anticlericale, difficilmente potrebbe essere definita a-confessionale quando i suoi governi accolgono il pontefice di Roma come un capo di stato, riconoscendogli addirittura il diritto di parlare liberamente, all'interno del loro paese, a milioni di persone.

Diciamo che le rivoluzioni borghesi hanno saputo introdurre nelle legislazioni di tutti i paesi occidentali i principi della *libertà di coscienza e di religione*, ma che, col passar del tempo, dovendo fronteggiare l'opposizione crescente del mondo operaio, han preferito attenuare di molto la pretesa di tenere separata la politica dalla religione. Il fatto stesso che raramente nelle Costituzioni occidentali s'incontri il principio della libertà "da" qualunque religione, la dice lunga. Gli Stati moderni vogliono essere favorevoli, sul piano del diritto, a tutte le religioni, ma sono molto reticenti a tutelare giuridicamente l'ateismo, proprio perché temono che, facendolo, troverebbero una forte opposizione da parte delle confessioni con cui hanno stipulato intese e concordati reciprocamente vantaggiosi.

Una separazione politica coerente, rigorosa, tra chiesa e Stato non esiste in occidente, proprio perché non esiste una tutela giuridica effettiva dell'ateismo.

Tuttavia il motivo di questa incoerenza dipende anche da un altro fattore: in un paese socialista dovrebbe esistere il regime di separazione tra Stato e chiese proprio perché esiste la *proprietà collettiva dei mezzi di produzione*. Infatti nei paesi capitalisti la suddetta separazione, affermata, nel migliore dei casi, in sede giuridica, viene ampiamente smentita nei fatti, in quanto la borghesia ha bisogno di tutte le chiese per opporsi alla classe operaia.

Se si accetta il regime di separazione, non ha alcun senso sostenere che lo Stato laico subordina a sé le chiese e non tutela la libertà di coscienza. Forse pochi credenti sanno che nelle passate Costituzioni sovietiche vi erano articoli che vietavano l'istigazione all'odio e all'ostilità in rapporto alle credenze religiose. Se esiste una "subordinazione", questa va intesa soltanto nel senso che qualsiasi ente privato è soggetto alle medesime leggi dello Stato e non nel senso che i credenti sono costretti, in coscienza, a diventare atei.

Una giurisprudenza laica e democratica dovrebbe essere lontanissima dal riconoscere agli enti ecclesiastici pari "sovranità e indipendenza" rispetto allo Stato: se lo facesse minerebbe il principio del separatismo, quando in realtà è proprio questo che garantisce l'effettiva non ingerenza dello Stato negli affari interni delle chiese. In Italia invece la chiesa romana ha dovuto modificare molte volte i propri dogmi pur di poter riconfermare il suo stretto rapporto con i regimi feudali prima e borghesi dopo.

Cosa vuol dire tutelare giuridicamente l'ateismo?

L'ateismo non è una cosa nuova in Occidente. Tuttavia fino alla Rivoluzione francese è rimasto un fenomeno circoscritto a pochi intellettuali, al punto che già con Napoleone la Francia volle ripristinare lo strumento del Concordato sulla base del concetto di "religione maggioritaria".

Successivamente, col socialismo, prima utopistico poi scientifico, l'ateismo è diventato più che altro patrimonio del movimento operaio, quindi del nemico n. 1 non solo della chiesa ma anche della borghesia. Tutelare l'ateismo scientifico oggi vorrebbe dire fare un favore al nemico di classe. Negare cittadinanza *politica* al concetto di "separazione tra chiesa e Stato" equivale a negare cittadinanza *culturale* al concetto di "ateismo".

È tuttavia curioso pensare che nessuno dei due concetti: "separazione" e "ateismo", è in grado di qualificare, in maniera positiva, il *socialismo democratico*. Un socialismo che ha bisogno di uno Stato "separato" per impedire il *clericalismo* e che ha bisogno dell'ateismo per impedire la *superstizione*, è un socialismo ancora imberbe, posto sotto pressione da parte di forze ancora molto ostili. La stessa presenza di un organismo chiamato "Stato" pone non poche difficoltà alla credibilità del socialismo, il quale può davvero essere autorizzato a definirsi "democratico" soltanto quando è in grado di "autogestirsi", cioè soltanto quando in campo economico si afferma il principio dell'"autoconsumo".

Per affermare spontaneamente l'*umanismo* e il *naturalismo*, occorre che la stragrande maggioranza della popolazione rinunci consapevolmente a ciò che le impedisce d'essere umana e conforme a natura. Una consapevolezza del genere può presentarsi in forme avanzate più nello Stato che non nella società (in virtù della classe intellettuale, più facilmente disposta al laicismo), ma se non matura anche nella società, significa che lo Stato non sta utilizzando la propria consapevolezza in maniera democratica, come appunto è accaduto nel "socialismo reale", dove lo Stato ha cercato, ad un certo punto, d'imporre l'ateismo alla propria società civile, ottenendo risultati opposti a quelli preventivati.

Non meno grave è la situazione in cui uno Stato si presenta con un volto più confessionale di quello della propria società civile. Uno Stato che invece di separarsi dalla chiesa si tiene separato dalla propria società, non fa che porre le premesse della propria fine. Ecco perché bisogna affermare il principio che la società civile è più importante dello Stato: è la società che deve decidere se applicare con coerenza il regime di separazione a livello istituzionale. Lo Stato dovrebbe limitarsi a prenderne atto e far rispettare questa volontà.

Diciamo che in uno Stato democratico e socialista dovrebbero esistere vari livelli di laicità. Una popolazione potrebbe definirsi "laica" quando accetta la separazione politica di Stato e chiesa. Il che però non significa ch'essa non possa essere credente. Persino gli scienziati, che generalmente svolgono le loro ricerche in maniera indifferente alle questioni religiose, quando escono dal campo di loro competenza, ed entrano p.es. in quello etico, spesso non trovano alcuna difficoltà a dichiararsi credenti in qualcosa di superiore all'essere umano, che non sia semplicemente la natura.

La laicità, di regola, viene vissuta più come un comportamento da tenersi in società, che non come una concezione di vita da far valere contro altre ritenute oscurantiste. Questa seconda forma di laicità, infatti, si traduce inevitabilmente in un ateismo consapevole, che pochi riescono ad accettare nella sua pienezza. La popolazione, al massimo, è più propensa ad accettare le cosiddette "posizioni agnostiche", cioè quelle che di fronte ai grandi quesiti delle religioni preferiscono sospendere il giudizio, limitandosi ad agire con sospetto e circospezione, accettando solo in via ipotetica la fondatezza di alcune tesi scientificamente non dimostrabili. L'agnosticismo è l'atteggiamento di chi pensa di poter contrastare meglio il clericalismo e la superstizione usando l'indifferenza, il relativismo dei valori, il "dubbio metodico" direbbe Cartesio. Sia l'agnosticismo che l'ateismo vorrebbero ridurre l'esperienza della fede a una questione di mera coscienza, con la differenza che l'ateismo ne fa una battaglia culturale.

L'ateismo infatti pensa di avere come compito sociale quello di contrapporsi pubblicamente a ogni forma di "teismo", cioè a ogni ideologia che professi come necessaria la dipendenza dell'uomo nei confronti di un'entità spirituale assolutamente trascendente e perfetta. E può dimostrare di saperlo fare democraticamente solo rispettando pienamente la *libertà di coscienza*, per cui un ateismo che si comportasse nei confronti delle religioni così come queste, nel passato, si comportavano nei confronti dell'ateismo, non costituirebbe in realtà alcuna vera alternativa all'oscurantismo.

Che cos'è la libertà di coscienza?

Il regime di separazione tra Stato e chiese (al plurale) è, in un senso abbastanza indiretto o traslato, una forma di ateismo o, se si preferisce, di *laicismo*, in quanto non si tollera, a livello istituzionale, alcuna ingerenza da parte delle chiese nella politica di un governo in carica.

Lo Stato ovviamente non può obbligare i cittadini ad essere atei, però può obbligarli a rispettare la *laicità* delle istituzioni pubbliche, cioè a tenere separata la coscienza religiosa da quella civile e politica, nel senso che una qualunque violazione della libertà di coscienza o di religione ognuno può contestarla, di fronte allo Stato, non in quanto credente ma in quanto *cittadino*.

Nel mondo romano i cristiani venivano perseguitati perché si rifiutavano di considerare l'imperatore una divinità, cioè in sostanza si opponevano legittimamente alla violazione della libertà di coscienza da parte dello Stato. Ma questo non significa affatto che un credente oggi possa non rispettare delle leggi civili prendendo a pretesto le proprie convinzioni religiose. Se ogni credente facesse questo, l'autorità dello Stato non esisterebbe neppure.

Facciamo un esempio. Se per un geovista una trasfusione di sangue non può essere fatta su di sé, sarà sufficiente che lo dichiari per iscritto, esonerando il medico da ogni responsabilità; ma se questa pretesa ce l'ha anche per un figlio minorenne e questo figlio muore, è giusto accusarlo di omicidio, pur con le attenuanti delle sue convinzioni religiose.

Nell'ambito dello Stato la libertà di religione rientra in quella più generale della libertà di coscienza: per opporsi alla violazione della prima basta appellarsi al rispetto della seconda. Se uno non capisce che in uno Stato democratico un credente non ha bisogno di rivendicare, come "credente", i propri diritti, non ha ancora capito nulla delle basi della democrazia.

Leggi come quella sul divorzio, sull'aborto ecc. non violano la libertà di religione e neppure quella di coscienza, poiché non obbligano nessuno a divorziare, abortire ecc. Una legge può violare la libertà di coscienza quando impedisce a un credente di praticare il proprio culto, d'impartire il proprio insegnamento dottrinale, di credere nei propri dogmi... Ma quando vi erano queste leggi, gli Stati che le facevano applicare erano "confessionali" non "laici": basti vedere l'enorme persecuzione delle sette cosiddette "eretiche" in epoca medievale e moderna. Oggi lo Stato non ha alcun interesse a intromettersi nelle questioni teologiche e se volesse imporre l'ateismo come concezione di vita (si pensi p.es. all'Albania di Enver Hoxha), non sarebbe laico ma *ideologico*, diventerebbe uno Stato confessionale alla rovescia.

Separazione non vuol dire che la religione diventa illegittima o incostituzionale, ma semplicemente che con nessuna confessione lo Stato deve fare indegni compromessi. Potrà sembrare un paradosso, ma è proprio il regime di separazione che, impedendo la reciproca strumentalizzazione tra Stato e chiesa, rende quest'ultima più conforme ai propri principi religiosi originari, che sicuramente erano più democratici di quelli che si sono venuti affermando col tempo. Anzi una chiesa separata dallo Stato e quindi costretta a fare affidamento solo sui propri ideali originari, potrebbe risultare ancora più efficace sulle coscienze dei cittadini, al punto da renderle impermeabili alle influenze del laicismo.

La laicità che si è costretti a vivere in uno Stato democratico non è ovviamente la stessa che si sceglie di vivere in un partito chiaramente orientato verso il socialismo. Là dove nello Stato si è costretti a essere laici (e tale costrizione può essere un peso soprattutto per il credente integralista), si ha però il vantaggio di non essere mai indotti a diventare atei in coscienza; viceversa, là dove si accetta di militare, come credenti, in un partito realmente socialista, si deve poi accettare una propaganda esplicita a favore dell'ateismo, sicché la contraddizione interiore che un credente vive tra le proprie convinzioni politiche e quelle religiose diventa in sostanza un suo problema personale, che prima o poi dovrà risolvere.

Facciamo un esempio. In un regime di separazione un credente non può pretendere di avere nella scuola statale un insegnamento a favore della propria religione; se questo credente ha delle aspirazioni di tipo integralistico, soffrirà certamente di una limitazione nella sua espressione pubblica. Tuttavia uno Stato democratico non gli impedirà di utilizzare gli ambienti scolastici, al di fuori dell'orario curricolare, per impartire agli alunni credenti i propri insegnamenti religiosi, anche perché questi ambienti vengono pagati con le tasse di tutti, credenti e non credenti.

Tuttavia se un credente volesse militare in un partito che gli ispira più fiducia nella lotta contro le ingiustizie sociali, si troverà inevitabilmente a disagio quando all'interno di quel partito si terranno conferenze, seminari, corsi di studio in cui si esamina il fenomeno religioso nei suoi aspetti reazionari e oscurantisti. E all'interno di quel partito non si potrà certo permettere ai credenti di sostenere tesi opposte, col rischio di bloccare l'iniziativa propagandistica e culturale a favore dell'ateismo. La libertà di espressione all'interno di un partito non può andare oltre i limiti della libertà di associazione: questo è un principio sacrosanto, che permette a qualunque partito di svilupparsi in maniera coerente.

Nessuno obbliga i credenti a militare nei partiti di sinistra, ma se lo fanno, devono sapere, sin dal momento dell'iscrizione, che non incontreranno persone favorevoli alle loro convinzioni religiose, anche se il partito non farà certo di queste convinzioni una discriminante statutaria per impedire ai credenti di militarvi. La neutralità ideologica appartiene allo Stato, non al partito, il quale ha anche il compito di svolgere una funzione educativa e formativa in senso ateistico, lasciando liberi i militanti di aderirvi, ma impedendo loro di contrastarla con una propaganda a favore della religione.

Oggi tutti questi problemi non si pongono neppure all'interno dei cosiddetti "partiti di sinistra", e non perché non vi siano dei credenti tra gli iscritti, quanto perché non c'è più nessuno che svolga una cultura critica nei confronti del fenomeno religioso. Una volta si ritenevano sufficienti le contraddizioni sociali per veder aumentare il numero degli iscritti; oggi al contrario si teme di veder diminuire questo numero quando s'affrontano questioni che riguardano le opinioni in materia di fede religiosa, per cui i dirigenti vanno molto cauti, cioè evitano di esprimere giudizi categorici e si rimettono, in ultima istanza, alla libertà di coscienza dei singoli militanti.

D'altra parte oggi i partiti di sinistra non sono un'avanguardia consapevole degli Stati democratici, ma una loro semplice emanazione, per cui tra un partito e l'altro, nel modo di affrontare la libertà di coscienza e di religione, non vi è alcuna sostanziale differenza. Alcune differenze si possono riscontrare soltanto tra quei partiti che sono emanazioni dello Stato e quelli che invece sono emanazioni della chiesa (come p.es. l'Udc di Casini e Buttiglione, che, a differenza del centro-destra di Forza Italia, del Pdl e di Alleanza Nazionale, ha sempre necessità di fare della fede una questione politica).

Perché separare la chiesa dalla scuola statale?

La chiesa va tenuta separata dalla scuola statale non solo perché in una società pluriconfessionale si sarebbe costretti a permettere ad ogni chiesa di entrare nella scuola, ma anche e soprattutto perché l'insegnamento che s'impartisce in un luogo pubblico, sotto l'egida statale, non può che essere laico.

Semmai ci si dovrebbe porre un'altra domanda: se è giusto che nella scuola pubblica non vi sia alcun insegnamento "di" religione, cioè confessionale, è davvero necessario che vi sia un insegnamento laico "sulle" religioni? E se le singole confessioni si sentissero offese da certe interpretazioni scientifiche? Si pensi p.es. a come vengono considerati i racconti ove appaiono dei miracoli.

D'altra parte ognuno si rende facilmente conto che sarebbe del tutto inutile fare un insegnamento sulle religioni per ribadire semplicemente i loro dogmi. Se uno aspira a conoscere bene una confessione religiosa, che peraltro spesso pretende di non essere una "filosofia" ma un'esperienza di vita, non gli resta che frequentarla personalmente.

Nell'ambito della scuola statale (e qui si prescinde dalla questione se davvero "statale" voglia dire "pubblico") si è in dovere di dare delle spiegazioni scientifiche a tutti i fenomeni umani e naturali, anche se si dovrebbe evitare di tirare la conclusione che l'ateismo è migliore della religione. Quando sono in gioco delle questioni di coscienza il docente non dovrebbe sostituirsi all'allievo, che va lasciato libero, seguendo proprie riflessioni, di prendere le decisioni che vuole.

È stato quindi un errore rendere obbligatorio nelle scuole statali del cosiddetto "socialismo reale" l'insegnamento dell'ateismo-scientifico. Un insegnamento del genere può essere fatto all'interno di un partito, in una serie di pubbliche conferenze, in una scuola che deve preparare quadri di partito, studiosi, insegnanti... Ma non può essere un insegnamento che obbliga uno studente a scegliere l'ateismo nell'ambito dello Stato, che, così facendo, si trasforma inevitabilmente da laico a ideologico. Nessun insegnamento scolastico può obbligare a compiere delle scelte di tipo ideologico o che riguardano la coscienza personale.

Sicché un insegnamento "sulle" religioni rischierebbe di caratterizzarsi facilmente come un invito pregiudiziale a considerare l'ateismo migliore della religione. Senza poi considerare che nessuna religione ha "storia propria", essendo tutte appartenenti a una sovrastruttura culturale che andrebbe esaminata come riflesso di una storia di ben più ampie proporzioni: cosa che si può fare benissimo nella disciplina della storia.

È evidente, in tal senso, che affrontando, p.es., il cristianesimo primitivo, il docente di storia potrà anche dire che la resurrezione di Gesù Cristo è stata un'interpretazione che gli apostoli hanno dato della tomba vuota, ma non per questo deve arrivare a concludere, in maniera esplicita, che dio non esiste, poiché un'affermazione del genere metterebbe a disagio gli studenti che credono. Cioè può anche sostenere che il concetto di "dio" è sorto come forma di consolazione di fronte a contraddizioni sociali irrisolte, ma non può sostenere che questa sia l'unica interpretazione possibile. Un docente può anche dichiararsi ateo ma non può obbligare all'ateismo i propri studenti, non solo perché inevitabilmente li plagerebbe, ma anche perché nella scuola statale deve vigere il pluralismo delle opinioni. Per evitare l'indottrinamento e quindi di ripetere gli errori clericali del passato, allo studente va lasciato quel necessario spazio di libertà che gli permetta di muoversi in maniera consapevole e quindi responsabile.

La libertà di scegliere tra religione e ateismo non può essere riconosciuta solo al cittadino maggiorenne, ma va riconosciuta a tutti e subito. Certo, se un giovane vive in una famiglia credente, verrà educato alla fede, ma è illusorio pensare di poterlo indurre a compiere da adulto una scelta più obiettiva soltanto perché lo si è obbligato a studiare concezioni ateistiche sui banchi della scuola statale. Si può anzi ottenere l'effetto contrario, e cioè che un giovane non educato alla fede dalla propria famiglia, aderisca da adulto alla religione proprio come reazione all'ateismo imposto dalla scuola. La scuola deve servire per far compiere delle scelte di coscienza, non per far capire allo studente, in modo aprioristico, quale scelta sia la migliore. Lasciamo questi atteggiamenti presuntuosi alle scuole private confessionali.

Per uno Stato laico e democratico

Uno Stato davvero democratico, che pensa di riflettere una società democratica, cioè di porsi al suo servizio, non può non essere convinto del fatto che i pregiudizi religiosi non possono intaccare in modo decisivo l'evolversi progressivo dell'umanità verso l'ateismo consapevole.

D'altra parte uno Stato davvero democratico non può non sapere che una qualunque forzatura compiuta per accelerare questo cammino, facendo p.es. dell'ateismo una verità ipostatizzata, porterà vantaggio alla sola religione. Quindi o lo Stato lascia alla società il compito di decidere la strada da prendere, oppure la sua laicità e la sua stessa democrazia sono illusorie.

Lo Stato laico e a-confessionale è una conquista recente, strettamente correlata al fallimento politico delle religioni, che invece di creare delle società democratiche, hanno prodotto soltanto forme di oppressione, di fanatismo e persino di totalitarismo. È vero che il cristianesimo ha sofferto persecuzioni per tre secoli, ma ne ha avuti altri diciassette come religione dominante. Il nesso di fede e politica non solo è fallito nel Medioevo, quando veniva direttamente gestito dalla chiesa romana, ma anche in epoca moderna, quando veniva gestito dai sovrani e dagli Stati cristiani.

E come è fallito il cristianesimo, nelle sue tre principali correnti: ortodossa, cattolica e protestante, così sono falliti l'ebraismo e l'islam, in quanto le società, anzi le civiltà continuano a restare profondamente divise in classi opposte, per cui è da escludere a priori che le religioni abbiano ancora qualcosa da dire sulla possibilità di realizzare una "liberazione" nella storia.

Essendo relativamente giovane, lo Stato laico costituisce soltanto il primo passo verso la gestione autonoma della società, che dovrà prima o poi emanciparsi dallo stesso Stato, rendendolo superfluo.

Lo Stato democratico ha il compito di tutelare la libertà di coscienza, ovvero il rispetto di tutte le religioni ed anche ovviamente dell'ateismo. Proprio per il fatto che esistono sociologicamente molte religioni e il loro contrario, e che storicamente ogni religione ha fallito il compito che s'era posta di liberare gli uomini dall'oppressione, lo Stato laico ha il dovere d'impedire a ogni religione di prevalere con la forza sulle altre o sull'ateismo o sullo stesso Stato. E questo non perché lo Stato abbia il dovere di considerare l'ateismo *in sé* migliore di qualunque religione: sarebbe sciocco pensare che un'ideologia, una filosofia, una concezione della vita possa essere *in sé* migliore di un'altra, a prescindere dalle proprie realizzazioni pratiche.

Lo Stato laico ha il dovere di tutelare la diversità degli atteggiamenti nei confronti della religione, ha cioè il dovere di dimostrare che le confessioni vengono meglio tutelate in nome della laicità e della democrazia. Ogni religione infatti tende a escludere le altre, a considerarsi come l'unica "vera".

Occorre impedire che questo atteggiamento esclusivista caratterizzi anche la laicità, la democrazia e qualunque concezione di vita che si opponga alla religione. Anche perché bisogna sempre distinguere fra teoria e pratica: vi sono persone che nel comportamento sono molto più democratiche delle idee che professano, e vi sono teorie molto più democratiche delle persone che le applicano. Basta vedere gli sconcertanti risultati delle più grandi rivoluzioni della storia: da quella francese a quella russa, in cui s'è finito per ottenere risultati opposti a quelli previsti.

Sarebbe assurdo pensare che la scienza, solo perché "scientifica", è sempre migliore di qualunque religione, al punto che non può mai essere usata in maniera illusoria. Stessa cosa si può dire della laicità, della democrazia, del socialismo... È la *prassi* il criterio della verità: questo principio vale per tutti, anche per chi l'ha formulato.

Indubbiamente la rilevanza sociale delle concezioni laiche della vita è una diretta conseguenza dei fallimenti pratici delle religioni storiche. In tal senso non è esagerato sostenere che nell'ambito degli Stati i cittadini devono vivere una sorta di laicismo oggettivo, indotto, indiretto, irriflesso, come una necessità che impedisca loro di tornare a fare della fede un'occasione di scontro politico, di crociata medievale, di moderna guerra di religione, non solo tra Stato e chiesa, ma anche tra chiesa e chiesa.

Lo Stato non può indurre i cittadini a scegliere in coscienza l'ateismo, però, attraverso il regime di separazione, inevitabilmente li educa alla tolleranza e, in fondo, li invita a fare una scelta consapevole a favore del laicismo. In questo compito esso ha altresì il dovere d'impedire che la propaganda del laicismo o dell'ateismo, svolta da partiti o associazioni o movimenti, anche non orientati verso il socialismo, arrivi a offendere i sentimenti, la dignità dei credenti, incitando all'odio o all'inimicizia per motivi riguardanti la fede. Chiunque svolga una propaganda del genere deve essere sostenuto da preoccupazioni pedagogiche e culturali democratiche, che facciano leva sulla persuasione ragionata e sulla correttezza etica e scientifica. E le istituzioni statali hanno il dovere di vigilare sul rispetto della libertà di coscienza.

Clericalismo e anticlericalismo sono soltanto le due facce di una stessa medaglia. L'anticlericalismo è strutturalmente molto limitato in quanto non solo ha l'assurda pretesa di dimostrare che fra ateismo e religione esiste un'assoluta incompatibilità *ideologica*, ma anche l'esiziale presunzione di trasferire questa incompatibilità (che pur indubbiamente esiste a certi livelli) sul terreno *morale*, inducendo i cittadini a lottare sia contro le idee sbagliate sia contro quanti le sostengono, senza fare differenze di sorta tra idee e persone.

Esso, in sostanza, finisce col creare un clima di terrore (come quello di Hébert durante la rivoluzione francese): non vi è solo un incitamento all'odio per motivi religiosi, ma, a causa di questi motivi, si finisce col giustificare la perseguibilità dei cittadini credenti. Se dev'essere questo il prezzo da pagare per impedire il clericalismo, allora non ne vale la pena. Molto meglio, in tal caso, l'agnosticismo, cioè l'indifferenza in materia di religione, che è una forma di resistenza passiva agli abusi politici del clero.

Il mondo laico deve invece cercare di ottenere il consenso dei credenti su tutte quelle questioni che esulano dalla religione, come p.es. la pace, i diritti umani, la giustizia sociale, la tutela ambientale, lo sviluppo culturale ecc. Dal modo di affrontare questi temi chi avrà orecchi da intendere intenderà.

I rapporti tra Stato e chiesa dalle origini ad oggi

L'inizio dei rapporti tra Stato e Chiesa si fa risalire, sul piano teorico, a una famosa sentenza evangelica attribuita a Gesù Cristo: "Date a Cesare quel che è di Cesare e a Dio quel che è di Dio".

Perché questa lapidaria sentenza non può essere stata detta da Cristo? Semplicemente per due ragioni:

1. Cristo non ha mai parlato di dio, in quanto si riteneva "figlio dell'uomo" e, a causa del proprio "ateismo", più volte rischiò d'essere lapidato (da tempo è acquisito, persino negli ambienti clericali, che l'appellativo "figlio di dio" gli è stato applicato per la prima volta da Paolo di Tarso);
2. Cristo non poteva concedere diritto di cittadinanza a un potere straniero, quello appunto di Cesare e dei suoi alleati, che occupava e opprimeva duramente la Palestina.

Eppure quella sentenza è sempre stata considerata innovativa da tutti gli storici del cristianesimo, proprio perché, mettendola in rapporto al contesto storico del mondo romano, in cui la religione pagana altro non era che un "*instrumentum regni*", quella sentenza in qualche modo apriva la strada al concetto di *separazione* o almeno di *distinzione* tra religione e politica e quindi tra Chiesa e Stato. Tant'è che i primi cristiani venivano considerati in un certo senso "atei" dalle istituzioni, cioè assai poco "leali" sul piano politico, e sicuramente "inaffidabili" su quello della difesa militare della patria. E venivano perseguitati.

Le persecuzioni non erano affatto riferite al carattere rivoluzionario della loro politica (la quale anzi, nei confronti dello schiavismo, era molto conservatrice). Ma era appunto riferita al carattere *culturale* di una posizione che tendeva a mettere le questioni civili su un piano diverso da quelle religiose.

Quando dopo 300 anni di diffusione del cristianesimo avviene la svolta costantiniana, nasce per così dire una sorta di "Stato aconfessionale", che permette a tutte le religioni di esprimersi, nella convinzione ch'esse non abbiano in sé elementi per minacciare lo *status quo* né dei vecchi rapporti schiavili né dei nuovi rapporti servili.

Tuttavia questa apertura pluralistica dello Stato romano alle varie religioni dura poco: già con Teodosio nel 380 il cristianesimo diventa l'unica religione ufficiale, mentre tutte le altre sono destinate a entrare nella clandestinità.

In questa fase la chiesa romana ha fatto di tutto per approfittare della propria posizione privilegiata di unica religione lecita, acquisendo posizioni di rendita, e, per sminuire il prestigio del potere imperiale del basileus bizantino, ha fatto in modo che nell'area occidentale dell'impero romano-cristiano, quella dei regni romano-barbarici, si costituisse un impero cattolico-latino alternativo a quello greco-ortodosso.

Tutti i sovrani di origine "barbara" giunti in occidente (ma sarebbe meglio dire di origine asiatica o quanto meno sassone o slava) sono stati utilizzati dalla chiesa romana come una sorta di braccio secolare.

Ovviamente in questa strumentalizzazione essa ha avuto buon gioco con quelle tribù e popolazioni la cui confessione religiosa non era di derivazione ariana, essendo noto che l'arianesimo tendeva a porre la chiesa alle strette dipendenze del sovrano.

In generale si può dire che la chiesa romana medievale, nei suoi livelli istituzionali, ha continuamente tramato e complottato, specie a partire dal rapporto coi Franchi, per impedire che si realizzasse quella che nell'oriente bizantino veniva chiamata "diarchia" o "sinfonia" dei poteri istituzionali: imperiale ed ecclesiastico, la cui reciproca autorità veniva fatta risalire direttamente da dio, senza che l'uno avesse bisogno dell'altro per sentirsi legittimamente riconosciuto.

Come noto infatti, a partire dall'incoronazione di Carlo Magno, la chiesa romana cominciò a far chiaramente capire ch'essa era disposta a riconoscere in forma piena e diretta solo l'autorità di quei sovrani ch'essa stessa aveva consacrato con una specifica cerimonia.

In tal senso fu un atto di eccezionalità gravità aver proclamato "imperatore del sacro romano impero" un re come Carlo Magno, quando di fatto i cristiani d'oriente, che si consideravano romani e cristiani come quelli d'occidente, ritenevano che l'unico imperatore legittimo, sin dai tempi di Costantino, fosse il basileus bizantino.

Nell'area orientale dell'impero la chiesa ortodossa non si comportò mai in questa maniera così marcatamente politicizzata. Essa anzi dovette difendersi dalle continue ingerenze del potere imperiale nelle faccende squisitamente religiose (si pensi solo alla questione dell'iconoclastia).

Nonostante questo quasi tutta la storiografia occidentale ancora oggi sostiene che, mettendo a confronto il *cesaropapismo* degli imperatori bizantini col *papocesarismo* della chiesa romana, non vi sono dubbi su chi debbano andare le preferenze.

Infatti mentre in oriente si è voluto imporre uno stretto condizionamento della libertà religiosa da parte del potere civile, da noi invece è stata la chiesa a condizionare, con le sue scomuniche, i suoi interdetti e le sue crociate, i poteri secolari.

Non è però stato un caso che, pur gestendo in piena autonomia il potere politico, la chiesa romana sia stata indotta a modificare continuamente i princìpi, gli usi e i costumi della cosiddetta "chiesa indivisa", quella del primo millennio.

Sul piano dogmatico infatti la chiesa ortodossa è rimasta fedele ai princìpi fondamentali espressi nei primi sette concili ecumenici, anche dopo la conquista turca di Costantinopoli, cui seguì l'eredità spirituale dell'ortodossia da parte della cosiddetta "terza Roma", cioè Mosca.

Viceversa, la chiesa romana ha avuto continuamente bisogno di modificare i princìpi ideali che l'avevano costituita, al fine di poter far valere la superiorità del papato sul concilio, l'infallibilità *ex-cathedra* del pontefice sul *consensu ecclesiae*, il primato giurisdizionale della sede romana su ogni altra sede, e così via. La prima forma di "protestantesimo" la chiesa romana l'ha vissuta, internamente, affermando a livello politico un individualismo autoritario che contrastava con la socializzazione umanitaria dei semplici credenti.

Questa chiesa s'è scontrata duramente con quella greca sin dal momento in cui Costantino trasferì la capitale dell'impero da Roma a Bisanzio (non dimentichiamo che il celebre falso sulla *Donazione di Costantino* venne prodotto cinque anni prima dell'incoronazione di Carlo Magno).

I momenti più critici sono stati, alla fine dell'VIII secolo, quello dell'inserimento del *Filioque* nel Credo, con cui si è spezzata l'unità teologica del cristianesimo primitivo, e nel 1054 quello delle reciproche scomuniche, con cui si è spezzata l'unità ecumenica e spirituale della cristianità europea, che da allora non s'è più ricomposta.

La separazione delle due confessioni fu immediatamente seguita dal fenomeno delle crociate, il quale evidentemente non aveva solo lo scopo di combattere gli arabi dilagati nel Vicino Oriente, ma anche quello di sottrarre vasti territori all'impero bizantino, che in quel momento presentava un maggiore benessere, soffrendo meno le contraddizioni antagonistiche del sistema feudale.

I due eventi più drammatici di tutto il periodo delle crociate mediorientali furono la conquista di Costantinopoli nel corso della crociata del 1204, cui seguì la costituzione dell'impero latino d'oriente, durato circa una sessantina d'anni.

Non dimentichiamo inoltre che le crociate furono indirizzate anche contro le popolazioni sassoni e slave dei Paesi Baltici e dell'Europa centro-orientale, per costringerle ad abbandonare le loro credenze pagane o per impedire che potessero diventare cristiane in senso ortodosso.

L'aggressività del mondo cattolico-latino era appoggiata dalle classi sociali egemoni e da tutti i sovrani euro-occidentali.

Le crociate furono una sorta di colonialismo *ante-litteram*. E furono esse che causarono l'avanzata ottomana nell'odierna Turchia, indebolendo in maniera irreparabile le forze militari del basileus.

Tuttavia nel basso Medioevo si assiste a una serie di fenomeni che cominciano a minare le fondamenta autoritarie della chiesa romana:

1. la lotta per le investiture ecclesiastiche, condotta contro i sovrani tedeschi (che determinerà l'antagonismo dei due principali partiti: guelfo e ghibellino);
2. la critica della corruzione del clero e del nesso tra religione e affarismo, che causerà, come reazione clericale, la nascita di crociate interne contro i cosiddetti movimenti pauperistici ereticali;
3. lo sviluppo del movimento borghese-comunale, che porterà alla nascita di Signorie, Principati e Stati nazionali, i cui connotati ideologici, se restavano formalmente cristiani, nella sostanza si sviluppavano in maniera sempre più laico-umanistica, benché in chiave borghese, cioè in stretto riferimento ai principi dell'individualismo, del profitto imprenditoriale e dell'interesse finanziario.

La chiesa romana ha potuto avvalersi, non senza difficoltà, dell'appoggio dei sovrani cattolici finché a dominare è stato il principio della rendita feudale connesso alla possesso della proprietà terriera. Questo è visibilissimo sino a tutto il periodo della Controriforma, ivi incluso quello relativo al colonialismo mondiale ispano-portoghese.

Quando invece sono venuti emergendo la società borghese e la formazione economica del capitalismo, la chiesa romana, che pur in un primo momento pensò di poter gestire a proprio vantaggio questi fenomeni, sarà costretta a scendere a duri compromessi.

E mentre la battaglia della chiesa romana contro la borghesia in Italia troverà un terreno vincente nella Controriforma, anche a causa della mancata trasformazione dei vari Principati in un unico Stato nazionale, all'estero, nell'area settentrionale dell'Europa, la sconfitta sarà pressoché totale.

La chiesa romana dovrà rassegnarsi a una nuova rottura ideologica, causata questa volta dal protestantesimo, che diventerà la religione fondamentale del capitalismo.

Da notare che mentre in Europa occidentale si passerà dal feudalesimo al capitalismo, a partire, in Italia, dallo sviluppo comunale, e in tutta Europa, in maniera irreversibile, con la nascita delle manifatture nel

XVI secolo, nella parte orientale dell'Europa si continuerà invece sulla strada del feudalesimo almeno sino alla fine dell'Ottocento, cioè sino al momento in cui il capitalismo europeo non deciderà di trasformarsi in imperialismo, conquistando il mondo intero e scatenando la I guerra mondiale.

E sarà proprio nell'Europa orientale che si bloccherà lo sviluppo capitalistico (che invece oggi ha ripreso il suo cammino), prima con la rivoluzione bolscevica, poi con la vittoria sul nazismo, facendo passare le società feudali direttamente al socialismo amministrato dallo Stato.

Su questi sviluppi bisogna aprire una piccola parentesi. Anche dopo la rottura protestantica la chiesa romana continuerà a restare una chiesa "politica", intenzionata ad avere con la realtà istituzionale del potere civile un rapporto diretto, immediato, di compromesso esplicito e di scambio reciproco di favori e di privilegi.

La chiesa protestante invece tenderà a delegare in toto allo Stato la gestione della società civile, ponendosi semplicemente come mera realtà privata e individualistica o di comunità religiose indipendenti tra loro e facilmente moltiplicabili.

Ciò significa che mentre la chiesa romana ha sempre fortemente ostacolato la costituzione di uno Stato laico, la chiesa protestante non ha mai posto riserve irrinunciabili. In questo aspetto quindi si può dire che i protestanti assomiglino di più agli ortodossi, ma sotto un altro aspetto dobbiamo dire che il protestantesimo ha generato una resistenza nei confronti del nazismo più debole di quella manifestata dal cattolicesimo nei confronti del fascismo (anche se quando l'alternativa da combattere sono le idee del socialismo il cattolicesimo non ha dubbi, almeno nei suoi livelli istituzionali, da che parte stare: basta vedere come si è comportata la chiesa spagnola al tempo della guerra civile o quella croata quando nella II guerra mondiale vennero sterminati i serbi ortodossi).

Tuttavia lo sviluppo progressivo del capitalismo ha portato, in ambito protestante, allo sviluppo di due fenomeni molto diversi tra loro: da un lato la proliferazione di sette religiose che facilmente sconfinano nella psicopatologia; dall'altro l'accentuazione del lato erudito e intellettualistico delle tradizionali comunità evangeliche, con ampie concessioni alle esegesi di tipo demitizzante e storicistico. Tant'è che nei paesi dove più sono stati forti gli studi sul cristianesimo primitivo, lì si è anche sviluppata l'ideologia ateistica in senso proprio.

Chi non si rassegna a un destino di emarginazione o di irrilevanza sociologica è ancora una volta la chiesa romana, che anzi pretende di avere un ruolo esclusivo nell'ambito del capitalismo (si pensi solo alla gestione finanziaria dei capitali attraverso la banca vaticana dello IOR), un ruolo che non si esplica solo in senso economico, ma anche in senso politico e istituzionale e che trova appoggi considerevoli negli ambienti politici del centro-destra, per quanto, proprio in relazione a questi ambienti, bisogna ammettere che il ventennio fascista è stato una sorta di passo indietro rispetto al liberalismo dei primi governi dello Stato unitario, in cui vigeva il principio di "Libera chiesa in libero Stato".

Ma va anche detto che, essendo per definizione, quella borghese, una rivoluzione di classe e non popolare, i Patti Lateranensi sarebbero dovuti diventare prima o poi, in assenza di una riforma protestante italiana, una strada obbligata.

Quanto alla chiesa ortodossa, essa è rimasta tenacemente legata al proprio passato e non mostra d'avere alcuna capacità di porre in essere un'alternativa praticabile alle contraddizioni del mondo contemporaneo, anche se, indubbiamente, rinunciando a un proprio protagonismo politico, tale confessione non ha difficoltà a convivere coi regimi che favoriscono la separazione dello Stato dalle chiese.

La chiesa ortodossa ha lottato nei paesi est-europei contro le dittature staliniste che pretendevano d'imporre d'ufficio l'ateismo, ha cioè dimostrato che la società civile è una cosa diversa dall'amministrazione statale e che la libertà di coscienza deve necessariamente prevedere la possibilità di un atteggiamento specificamente religioso, ma, a parte questo, sarebbe inutile aspettarsi da una confessione religiosa, fosse anche la più democratica del mondo, una risposta agli antagonismi sociali delle nostre società conflittuali. Peraltro l'ortodossia presume di restare in vita anche facendo leva sul fatto che si concepisce come "chiesa nazionale", storicamente ostile alla diffusione di qualsiasi altra religione politicizzata nel proprio territorio, ma il concetto di "chiesa nazionale" è quanto mai superato all'interno dell'attuale "globalismo" e anche in rapporto al fatto che nel diritto moderno tende ad avere sempre più valore la "libertà di coscienza".

L'anomalia più vistosa resta comunque maggiormente visibile nel territorio italiano, poiché qui viene ancora conservato, addirittura a livello costituzionale, un regime concordatario (di derivazione fascista) con la chiesa romana, un patto stipulato tra due Stati che si riconoscono reciprocamente indipendenti sul piano territoriale, ma che di fatto assicura a uno solo dei due posizioni di anacronistico privilegio non solo nei confronti di tutte le altre confessioni religiose, ma anche nei confronti dell'intera società civile. Il che impedisce allo Stato nazionale di esprimere con coerenza i propri valori di laicità e di democrazia.

L'abolizione, *sic et simpliciter*, dell'art. 7 della Costituzione è un obiettivo che tutto il mondo laico del nostro paese rivendica da tempo, proprio al fine di garantire a tutti i cittadini, indipendentemente dall'atteggiamento che hanno nei confronti della religione, pari dignità e uguaglianza di fronte alla legge.

Qui non vogliamo sostenere che uno Stato laico sia di per sé più democratico di uno Stato confessionale, proprio perché sappiamo bene che la democrazia non è semplicemente un'idea politica da affermare, ma anche e soprattutto una pratica sociale da dimostrare quotidianamente.

Ci pare tuttavia che le contraddizioni che la chiesa cattolica manifesta tra gli ideali professati in sede teorica e la propria attività pratica, siano così grandi da impedire a tale istituzione di poter contribuire in maniera significativa allo sviluppo della laicità e della democrazia nel nostro paese.

Se nei 50 anni successivi alla caduta del fascismo si è pensato che lo sviluppo capitalistico avrebbe potuto essere "umanizzato" grazie al contributo della dottrina sociale della chiesa, oggi bisogna dire, in tutta tranquillità, che tale dottrina ha fallito i suoi obiettivi, che la chiesa romana, come istituzione (cioè indipendentemente dalla buona fede dei suoi singoli aderenti) è talmente screditata da non avere più alcuna possibilità di dire qualcosa di significativo alle nuove generazioni, e che l'affronto delle contraddizioni della nostra epoca va fatto a prescindere totalmente non solo da tale dottrina sociale ma anche dalle dottrine di qualsivoglia religione.

Capire la separazione. Aspetti storici e teorici

I

Allorché le forze bolsceviche giunsero al potere, l'atteggiamento della chiesa ortodosso-russa, specie nei suoi livelli gerarchici, fu particolarmente ostile. Tre giorni dopo la rivoluzione il concilio nazionale di questa chiesa approvò un appello, rivolto al clero e a tutti i fedeli, in cui si definiva la rivoluzione socialista "un avvento dell'anticristo, un'irreligiosità infuriata". Il neo-eletto patriarca Tichon esordì il 19 gennaio 1918 lanciando l'anatema contro i bolscevichi, invitando gli ortodossi "a non comunicare, in nessun modo, con tali nemici del genere umano". Lo stesso patriarca, appoggiato dal metropolita cattolico Ropp, dal protopresbitero greco-cattolico Fjodorov, dal vescovo Simon dei seguaci del rito antico e da altri esponenti religiosi di rilievo, aderì alla controrivoluzione interna e all'intervento armato straniero degli anni 1918-1920.

La stampa ecclesiastica sollecitava i fedeli ad aderire volontariamente alla guardia bianca. Ogni ribellione antisovietica si svolse con l'appoggio e anche con la diretta partecipazione del clero. Gli esponenti ecclesiastici, di concerto con i rappresentanti delle maggiori organizzazioni controrivoluzionarie, escogitavano piani per occupare Mosca e Pietrogrado, per uccidere Lenin e altri dirigenti sovietici. I monasteri venivano utilizzati come rifugio per gli ex ufficiali zaristi e come deposito di armi e munizioni. Il patriarca Tichon rimase tenacemente sulle sue posizioni anche dopo la vittoria bolscevica contro la reazione: nel 1922, ad esempio, pubblicò un appello intimando, pena la scomunica o la sospensione a divinis per il clero, di non consegnare il proprio oro e argento per salvare la popolazione dalla fame. Per questi e altri motivi la chiesa stessa pretese le sue dimissioni. Tichon, dopo lunghe riflessioni, fece pubblica ammenda, per cui poté rimanere al suo posto fino alla morte, avvenuta nel 1925. Il 7 aprile di quello stesso anno egli redasse il testamento che ora qui prenderemo brevemente in esame.

Il secondo documento che c'interessa è la lettera pastorale che monsignor Serghi, *locum tenens* del patriarca, rivolse al clero e a tutti i fedeli del patriarcato di Mosca il 16 giugno 1927. Entrambi sono stati pubblicati in *La tragedia della chiesa russa* di L. Regel'son, ed. La casa di Matriona.

Nei due documenti suddetti la chiesa ortodossa, per la prima volta, dichiara di accettare di convivere con un regime comunista e con uno

Stato non più confessionale; per la prima volta essa riconosce la possibilità di vivere la fede religiosa in un sistema politico completamente diverso da quello precedente. "Senza peccare contro la nostra fede e la nostra chiesa, senza cambiare nulla, in una parola senza lasciarci andare a nessuna concessione, dobbiamo, in quanto cittadini dello Stato, essere leali verso il potere sovietico e verso l'attività dell'Urss per il bene comune, mettendo tutto l'ordinamento della vita esterna della chiesa e della sua attività in accordo con il nuovo regime di Stato e condannando qualsiasi comunione con i nemici del potere sovietico, come pure una resistenza aperta o segreta contro di esso", così Tichon.

In materia di fede - afferma il patriarca - nulla è cambiato, nessuna concessione è stata fatta. Tuttavia qualcosa d'importante, sul piano ecclesiologico, è necessariamente mutato. La chiesa non è più compromessa col governo al potere, né la fede con la politica. Tichon ne è perfettamente consapevole: "L'attività delle comunità ortodosse non deve essere politicizzata", dice; non dobbiamo nutrire "speranze di restaurazione dell'ordinamento monarchico: tutto ciò è estraneo alla chiesa".

Che cosa deve interessare alla chiesa cristiana? Unicamente "il diritto e la possibilità di vivere e di strutturare le proprie questioni religiose, conformemente alle esigenze della fede, nelle misura in cui ciò non violi l'ordine pubblico e i diritti degli altri cittadini": su questo si basa l'accordo riguardante il regime di separazione fra Stato e chiesa. Sì dunque alla libertà religiosa, ma sì anche alla libertà "da" qualsiasi religione, cioè sì alla libertà dell'ateismo, affinché si garantisca veramente la libertà di coscienza. Allo Stato interessa questo, e che le diverse religioni restino rispettose delle leggi civili.

Chi si dedica "smodatamente a un attivismo politico puramente umano" - dice ancora il patriarca - ha dimenticato il divino (questo in riferimento ai molti vescovi e pastori della Direzione ecclesiastica, giudicati "troppo ostinati"). Costoro, a suo dire, non hanno compreso due cose di fondamentale importanza: la prima è che "non c'è alcun potere al mondo che sia in grado di legare la nostra coscienza di Pastore supremo e la nostra parola di patriarca"; la seconda è che "l'instaurarsi di chiari e leali rapporti indurrà le nostre autorità a riporre in noi la massima fiducia". Non si tratta, beninteso, di sottomettersi "tatticamente" alla forza del governo, in attesa di trovare tempi migliori per la "controrivoluzione". Il patriarca stigmatizza apertamente questa finzione, pregando i fedeli di obbedire "al governo sovietico con la coscienza tranquilla e senza timore di mancare alla nostra santa fede e ciò non per timore ma per dovere di coscienza". Ecco quindi la soluzione del nuovo rapporto fra Stato e chiesa creatosi con la rivoluzione bolscevica: il credente sia *cittadino* di fronte allo Stato e *credente* di fronte alla chiesa.

Come noto, a partire da questa nuova acquisizione di metodo relativa ai rapporti tra Stato e chiesa, si fa risalire, negli ambienti borghesi e cattolico-romani, l'atteggiamento degli ortodossi nei confronti della politica, che viene giudicato completamente passivo. In realtà il patriarca voleva porre in discussione solo l'impegno politico anticomunista, non l'impegno politico in generale degli ortodossi, il quale comunque, a suo avviso, doveva essere condotto più in qualità di "cittadini" che non in qualità di "credenti".

Perché dunque tutte quelle difficoltà nell'attuare un principio in fondo relativamente semplice da capire? È stato a causa dei condizionamenti storici. "Sfortunatamente", dice monsignor Serghi, che capì meglio di Tichon il valore della rivoluzione, "diverse circostanze, e principalmente le provocazioni dei nemici dello Stato sovietico all'estero, alle quali partecipavano non solo semplici fedeli della nostra chiesa ma anche i loro dirigenti, hanno provocato una diffidenza, giusta e naturale, del governo riguardo ai dignitari della chiesa in generale". Si tratta appunto di una questione di "reciproca fiducia": che lo Stato deve avere nella chiesa e viceversa. "Vogliamo essere ortodossi e nello stesso tempo riconoscere l'Unione Sovietica come nostra patria"; "pur restando ortodossi, non dimentichiamo il dovere di essere cittadini dell'Unione"; "possono mostrarsi cittadini fedeli dell'Unione Sovietica non solo persone indifferenti di fronte all'Ortodossia, non solo persone che l'hanno tradita, ma anche i suoi fedeli più zelanti ai quali l'ortodossia con tutti i suoi dogmi e le sue tradizioni, con tutta la sua struttura canonica e liturgica, è cara come la vita e la verità".

Purtroppo i fatti hanno dimostrato che i condizionamenti storici erano molto più radicati nelle coscienze di quel che non si pensasse. La stampa borghese spesso sottolinea che i metodi usati dal bolscevismo erano molto duri, aspri e violenti, ma altrettanto spesso dimentica di precisare che non meno radicale è stata da parte di molti cristiani l'incomprensione nei riguardi della rivoluzione. Monsignor Serghi deve constatare con amarezza "l'insufficiente consapevolezza dell'importanza di quello che si è verificato nel nostro paese. L'affermazione del potere sovietico era, per molti, un malinteso, una conseguenza del caso e, per questa ragione, destinata a scomparire. A coloro che non vogliono comprendere i "segni dei tempi", può sembrare che non si possa abbandonare il vecchio regime e la monarchia senza abbandonare l'ortodossia. Questa mentalità di alcuni ambienti ecclesiastici [...] ha provocato la diffidenza del potere sovietico".

Come si può notare, anche il metropolita sconfessa il sistema teocratico zarista e l'integralismo politico della fede. "L'apostolo insegna", dice ancora, "che possiamo vivere tranquillamente e pacificamente nella verità solo se ci sottomettiamo al potere legittimo" (1 Tim 2,2). Non si può quindi fare della fede religiosa un pretesto per condannare un sistema politico, a meno che questo sistema non chieda di abiurare i dogmi o di essere venerato come una divinità - il che, nel caso del potere sovietico, non è accaduto (benché lo stalinismo abbia favorito al massimo il culto della personalità).

Al contrario il ripristino del patriarcato ortodosso-russo divenne possibile proprio in virtù della politica del partito comunista. D'altra parte - il metropolita lo ribadisce - "non è neppure sufficiente l'obbedienza per 'timore' e non anche per 'motivi di coscienza'" (Rm 13,5). "Soltanto persone che farneticano possono pensare che una società importante come la nostra chiesa ortodossa, con tutte le sue organizzazioni, possa esistere tranquillamente nello Stato dissimulandosi agli occhi del potere [...] persone d'una simile mentalità devono accantonare queste idee e, tenendosi per sé le proprie simpatie politiche, credere nella chiesa e lavorare con noi solo nel nome della fede, ovvero, se non possono di colpo accantonare i loro sogni, almeno non molestarci astenendosi momentaneamente da ogni attività".[2]

Di fatto - ed è la conclusione della lettera pastorale - "soltanto il nostro atteggiamento di fronte al potere è cambiato, mentre la fede e la vita cristiana restano incrollabili". Chi dunque ancora si ostina a non accettare questo "segno dei tempi" deve provare a chiedersi se per caso non abbia paura di veder crollare la propria fede decidendo di accettare il cosiddetto "regime di separazione". Se davvero questa paura esiste, nulla meglio di uno Stato laico contribuisce a ricercarne le ragioni nella coscienza dell'uomo.

II

Per migliaia di anni l'uomo ha creduto che la fede in un dio fosse cosa scontata e naturale, e che quindi non ci fosse bisogno di distinguere ambiti e competenze. Stato e chiesa, o se si vuole, società e religione, istituzioni e confessioni erano sostanzialmente all'unisono, strettamente alleati, quando non esistevano lotte, anche molto cruente, tra idee religiose contrapposte.

---

[2] Un messaggio, questo, che certo i vari Solzenicyn, Regel'son, Jakunin tardarono alquanto a capire, esponendosi così alle diverse strumentalizzazioni del mondo occidentale.

In tal senso si può con sicurezza affermare che l'ateismo teorizzato e legittimato non è mai esistito prima del marxismo e dell'Ottobre. Nessun potere governativo, prima del 1917, si è mai sognato di dire esplicitamente che il problema di dio "non interessa alle istituzioni" e che pertanto nelle scuole, negli uffici, negli ospedali, nelle caserme, nei tribunali... i cittadini devono vivere, agire, pensare "come se Dio non esistesse" (secondo la famosa formula di Ugo Grozio).

Nel passato si potevano trovare al massimo singoli uomini, praticamente atei (più o meno espliciti), in lotta col loro sistema politico (Epicuro, Bruno, Spinoza, Feuerbach...), oppure uomini che ammettevano di nutrire seri dubbi su talune o su molte verità di fede (Cartesio, Copernico, Galilei, Montaigne, Kant...). Ma nessuno di questi è mai stato capace di comprendere scientificamente le radici di fondo delle opinioni di fede, né di collegare l'emancipazione individuale dalla religione con quella sociale dallo sfruttamento.

È vero, la borghesia, nei suoi momenti migliori, ha cercato di creare degli Stati laici, che fossero separati dalla chiesa (vedi p.es. la nota formula "libera chiesa in libero Stato"), ma per poter sopravvivere come classe proprietaria dei fondamentali mezzi produttivi, essa ha ben presto dovuto rinunciare a questa sua giusta aspirazione, tanto che fino ad oggi nessuna Costituzione borghese prevede il diritto all'ateismo. Negli Stati Uniti pluriconfessionali, dove lo Stato si dice separato dalle chiese, il presidente Reagan ha avuto persino il coraggio di proporre la reintroduzione delle preghiere nelle scuole pubbliche. E ogni presidente che si rispetti si affida sempre alla volontà divina nei momenti difficili della nazione.

Il compromesso tra Stato e chiesa, nei paesi capitalisti, è così forte che il destino dell'uno sembra essere strettamente legato a quello dell'altra. Il regime di compromesso (formalizzato a livello costituzionale o praticato sul piano sociale) pare essere l'espressione giuridica più adeguata della proprietà privata dei mezzi di produzione.

In tal senso l'unica domanda possibile che nell'ambito del capitalismo ci si può porre, nell'ambito della sinistra, è la seguente: per realizzare un regime di effettiva separazione tra Stato borghese e religione, è preferibile puntare a realizzare preventivamente la rivoluzione socialista, oppure la coscienza democratica oggi è sufficientemente matura da esigere una maggiore coerenza laica a livello dei rapporti istituzionali tra Stato e chiesa? In altre parole, se le forze di sinistra ritengono che sotto il capitalismo non sia possibile realizzare un'effettiva separazione di Stato e chiesa, va considerato del tutto inutile il sostegno a rivendicazioni indirizzate al perseguimento di tale obiettivo, oppure ciò può servire come occasione per portare la democrazia verso il suo naturale fine socialista?

L'accettazione della laicità è diventata nei paesi socialisti la *conditio sine qua non* per un qualsiasi cittadino che voglia dimostrare di essere *leale* nei confronti dello Stato. È la base e la regola cui tutti devono conformarsi: atei e credenti di qualsivoglia religione. La questione dell'atteggiamento da tenere nei confronti della religione è diventata completamente *privata*, in quanto non si è più "cristiani in massa", non esiste più uno Stato confessionale o un partito politico che si ispiri a dei principi o valori religiosi.

Oggi, nell'area del socialismo, si va lentamente ma progressivamente laicizzando l'intera società civile. Tutti, di fronte allo Stato, debbono sentirsi laici, e questo nella convinzione di essere totalmente liberi di esprimere le proprie opinioni in materia di fede e ragione. Lo Stato socialista si guarda bene dal richiedere un'esplicita professione di ateismo: in nessun documento amministrativo si fanno domande circa il proprio atteggiamento nei confronti della religione. È patrimonio acquisito dall'intera società che qualunque provvedimento coercitivo in una direzione o nell'altra, in merito ai convincimenti personali, non fa che ottenere l'effetto contrario.

La laicità che si vive in uno Stato separato è per così dire una sorta di "ateismo informale o indiretto o indotto", è un ateismo "taciuto o implicito", conseguente al fatto che la separazione è reale e non - come invece nei paesi capitalisti - fittizia. È una sorta di possibilità che si offre al cittadino di pervenire all'ateismo per via democratica, senza alcuna costrizione, ed è anche una possibilità che gli si offre di pervenire a idee religiose secondo un convincimento personale e non per pura e semplice tradizione.

Uno Stato ateo (com'era p.es. quello albanese) implicherebbe un'adesione di coscienza all'ateismo, ovvero un atteggiamento di doppiezza, in quanto nessuno può obbligare la coscienza umana a credere in qualcosa. Se e quando la stragrande maggioranza dei cittadini avrà maturato una consapevolezza ateistica, ciò probabilmente avverrà non in presenza di uno Stato ateo ma in sua assenza.

L'*umanesimo integrale* (non alla Maritain) che si vuole realizzare in un paese socialista permette alla coscienza di decidere *liberamente* se accettare la religione o l'ateismo, cioè permette di fare una cosa che in un regime di compromesso si dà naturalmente per scontata. In Italia si è cattolici dalla nascita, in virtù del battesimo: la convinzione personale è un aspetto secondario. Oggi è proprio a causa del crescente secolarismo (dovuto al fallimento delle utopie teocratiche, alla rivoluzione industriale e scientifica, alla laicizzazione del pensiero, alla democratizzazione delle masse, ecc.) che la libertà di coscienza deve essere garantita, oltre che dalla libertà di religione, anche da quella di *ateismo*. Senza questa libertà, lo stesso concetto di "laicità" viene ad assumere significati molto ambigui.

D'altra parte è proprio col separatismo che si garantisce l'effettiva *non-ingerenza* negli affari interni delle varie confessioni. Là dove ciò non avviene, lo Stato smette d'essere laico e diventa ideologico, smette d'essere democratico e diventa totalitario.

Non solo, ma se esistesse la libertà di ateismo come diritto civile esisterebbe anche la possibilità di creare delle alternative laiche a qualunque manifestazione religiosa (riti, culti, festività, calendari...), cioè si potrebbe più facilmente passare da una separazione di tipo *giuspolitico* (istituzionale) a una di tipo *socioculturale* (a livello di società civile). Occorre dimostrare che l'ateismo non è solo "una questione di coscienza", ma anche "un'esperienza di vita", al pari di qualunque religione.

Il fatto che il socialismo abbia capito che non si può separare la società dalla religione, servendosi degli strumenti istituzionali dello Stato, del governo, del partito politico ecc., cioè il fatto che si sia capito che non si può vietare la *libertà di propaganda religiosa* (che potrebbe anche avere un fine antigovernativo), l'*indottrinamento dei minorenni* da parte dei preti o dei loro genitori (che potrebbe anche violare la libertà di coscienza), né che la religione si dia *finalità sociali*, assistenziali, ricreative, culturali... (che potrebbero anche apparire alternative a quelle statali), non significa che d'ora in avanti la religione abbia il diritto di porsi *politicamente*. La religione si è negata da sola la facoltà di usare questo diritto, nel momento stesso in cui la sua affermazione politica ha indotto gli uomini a credere in religioni alternative a quella dominante.

Oggi una religione al potere sarebbe possibile solo in un contesto geografico assolutamente *omogeneo* quanto alla scelta della fede religiosa, nel senso che tutti i cittadini (o quasi) dovrebbero credere in un medesimo dio e nelle medesime forme. Tuttavia, là dove esistono più religioni, là dove esiste una coscienza ateistica, una qualunque religione al potere costituirebbe, *ipso facto*, una violazione della libertà di religione e di coscienza.

Ecco perché un regime di separazione esprime meglio lo spirito *pluralistico* in materia di atteggiamento nei confronti della religione. Esso non solo garantisce il diritto di professare consapevolmente (per libera scelta) una qualsivoglia religione, in un qualunque modo e in un qualunque contesto politico e geografico, ma garantisce anche la piena libertà di coscienza, cioè il diritto di non professare alcuna religione. È nell'interesse stesso dello Stato laico dimostrare che sono possibili più *opzioni* nei confronti della religione in generale.

In tal senso si può addirittura sostenere che la prima vera, sostanziale, differenza che passa tra un credente e un altro non sta tanto in qualche particolare contenuto teologico, quanto piuttosto nell'atteggiamento di accettazione o di rifiuto che si assume nei confronti del regime di separazione. È questo il *discrimen* che distingue, almeno in maniera giuspolitica, un credente progressista da uno integralista.

Un qualunque credente voglia porre delle rivendicazioni politiche proprio in quanto "credente", al fine di avere un potere di tipo "politico-religioso", e non si limiti a porre delle rivendicazioni politiche in quanto "cittadino", affinché la democrazia e quindi il pluralismo religioso venga affermato nella sua pienezza, è un credente integralista o monista, incapace di distinguere gli ambiti ideologici da quelli politici, gli ambiti laici da quelli religiosi.

Se il significato politico della democrazia dipendesse dalla valutazione che ne può dare un credente, automaticamente si dovrebbe considerare antidemocratico qualunque cittadino non religioso. Ecco perché la democrazia non può dipendere dall'atteggiamento che si assume nei confronti della religione.

Oggi anzi sotto il socialismo si è arrivati alla conclusione che la religione può in realtà fare ciò che vuole se si appoggia sul sostegno finanziario dei propri credenti. Una confessione religiosa può pretendere che una parte delle tasse versate dai propri credenti le ritorni indietro per finanziare proprie opere o strutture a contenuto socio-culturale religioso, ma essa non può pretendere che ciò venga fatto con le tasse dei cittadini non-credenti o credenti in altre religioni, neppure se dimostrasse che le proprie opere o strutture religiose possono servire a qualunque cittadino.

In tal caso infatti non si comprenderebbe il motivo per cui una confessione debba gestire un servizio per tutti quando a tale scopo già esistono le strutture statali. Se queste non funzionano, si tratterà di modificarle, di migliorarle, non di appaltare la loro gestione a enti privati caratterizzati ideologicamente. Qualunque attività socio-culturale di una qualunque confessione religiosa deve servire unicamente i propri fedeli; o comunque nessuna confessione può pretendere fondi pubblici solo perché presume di fornire un servizio anche per cittadini diversi dai propri fedeli.

L'atteggiamento nei confronti della religione

Dire che tutti i cittadini sono uguali davanti alla legge a prescindere dalla loro religione, e dire che lo sono a prescindere "dall'atteggiamento che hanno verso la religione" (come vuole l'art. 19 della Costituzione russa del 1993, già presente in quella del 1936), sono due cose molto diverse.

Mentre il primo diritto, infatti, è previsto in tutte le Costituzioni occidentali, il secondo invece è previsto solo nei paesi socialisti. Parlare, in questo caso, di "equivalenza" o "complementarietà" sarebbe fuori luogo: la differenza non è formale ma sostanziale.

La sottolineatura sull'*atteggiamento* nei confronti della religione implica che lo Stato non può accettare l'idea che si debba necessariamente essere dei credenti. La democrazia borghese arriva al massimo a formulare l'uguaglianza dei cittadini credenti nelle più diverse religioni, ma non arriva mai a mettere la religione sullo stesso piano dell'ateismo. E non perché teoricamente la borghesia non sia atea o agnostica, quanto perché essa ha bisogno della religione come arma di controllo delle masse.

In nessuna Costituzione borghese si troverà mai tutelato il diritto all'ateismo. Uno Stato democratico-borghese può proclamarsi neutrale o indifferente in materia, ma non può proclamarsi a favore dell'ateismo, poiché ciò renderebbe necessario impedire alla religione di fare propaganda politica o di darsi una veste clericale.

Incapace di ottenere il consenso di tutte le classi sociali, la democrazia borghese, fondata sulla proprietà privata, deve per forza permettere al clero di continuare a propagandare idee che il senso comune più consapevole ormai da tempo considera obsolete, se non reazionarie.

Detenendo il monopolio dei mezzi comunicativi, la borghesia può addirittura permettersi il lusso che le chiese lancino invettive anche contro la stessa prassi borghese. La borghesia infatti sa bene che queste invettive avranno un effetto solo su quelle persone che s'illudono di poter modificare il sistema coi mezzi della religione.

Le chiese, dal canto loro, essendo dei potentati economici o pretendendo di diventarlo, hanno tutto l'interesse a realizzare compromessi o concordati o intese con la borghesia, al fine di regolamentare le reciproche posizioni di forza. Spesso la lotta per la spartizione del potere, all'interno di una nazione, diventa accanita anche tra chiesa e chiesa.

Figlio legittimo della democrazia borghese, l'opportunismo è lo strumento con cui lo Stato borghese concede in via di fatto alle diverse chiese quei privilegi che nega loro in via di diritto (in Italia questi privilegi vengono in parte riconosciuti anche in via di diritto, con la ratifica costituzionale del Concordato).

La vuota laicità dello Stato borghese viene riempita, a seconda dei casi e delle circostanze, da qualsiasi contenuto, in base ai diversi interessi. Ecco perché diciamo che la separazione effettiva dello Stato da tutte le chiese è strettamente subordinata alla trasformazione dei rapporti sociali ed economici in senso socialista.

Non è comunque da escludere che pur di negare la necessità di questa trasformazione, la borghesia arrivi ad accettare il diritto all'ateismo nelle proprie leggi statali. Già Marx diceva che l'ateismo, a confronto dell'abolizione della proprietà privata, è *culpa levis*.

Religione pubblica o privata?

Posto che un cittadino può essere nel contempo *laico* di fronte allo Stato e *religioso* di fronte alla chiesa, come si deve regolare lo Stato quando questo cittadino vuole rendere pubblica la propria fede?

In un regime di separazione una chiesa non può pretendere di svolgere funzioni religiose nell'ambito di istituzioni pubbliche, altrimenti questo diritto dovrebbe essere concesso a tutte le chiese, con grande complicazione nella gestione della "cosa pubblica": ogni religione infatti è "concorrente" delle altre.

Permettere p.es. a tutte le chiese d'insegnare la propria religione nell'ambito della scuola statale è cosa praticamente infattibile, in quanto sarebbe impossibile garantire a tutti gli studenti i medesimi diritti allo studio e soprattutto alla libertà di coscienza: si creerebbero infinite situazioni discriminanti e mortificanti (sono già ben noti i disagi di alcuni alunni costretti dai genitori a portare certi indumenti, a non mangiare taluni cibi, a non frequentare la scuola durante alcune festività o pratiche catechistiche ecc.). Lo Stato al massimo potrebbe mettere a disposizione i propri locali in ambito pomeridiano, extracurricolare. Ufficialmente o legalmente la scuola deve restare separata dalla religione.

Peraltro nei confronti dello Stato tutte le chiese appaiono come "associazioni private" e non come "enti pubblici". Anche quando vengono stipulate "intese" o "convenzioni", si tratta sempre di una regolamentazione tra soggetti di diritto molto diversi.

Questo tuttavia non significa che un'associazione religiosa, come ogni altra associazione, non abbia il diritto di manifestare pubblicamente il proprio credo, le proprie attività e le proprie critiche allo Stato. Si tratta di cittadini credenti che pagano le tasse e obbediscono alle leggi: è nel loro diritto far valere delle ragioni quando queste vengono violate.

Cioè un credente non ha solo il culto come forma di espressione pubblica della propria fede, ma ha pure tutti quegli strumenti previsti per le associazioni. Un membro del clero può anche candidarsi a un partito politico, se la sua chiesa e il partito glielo permettono.

Uno Stato laico deve essere tollerante: non può impedire una pratica religiosa solo perché "religiosa". Si può impedire una pratica religiosa quando questa rischia di mettere in pericolo la vita o di minacciare la dignità umana o di turbare seriamente l'ordine pubblico, ma prima di arrivare a questi provvedimenti è sempre bene confrontarsi democraticamente al fine di trovare soluzioni condivise. Se un geovista non vuole trasfusioni di sangue per il proprio figlio moribondo, o un medico cattolico si rifiuta di far abortire una donna, si possono trovare delle alternative. Nessuno deve essere costretto a fare qualcosa contro la propria coscienza. Nessuno dovrebbe essere messo nelle condizioni di appellarsi al proprio credo per non rispettare le leggi dello Stato (sono noti i casi in cui la chiesa romana si appella alla propria extraterritorialità per sottrarsi alla giustizia dello Stato italiano).

Uno Stato non può andare a sindacare se l'educazione religiosa trasmessa dai genitori ai propri figli è coerente col rispetto della dignità umana, però deve assicurare a tutti la possibilità di scelte diverse nei confronti del fenomeno religioso. Cioè tendenzialmente le istituzioni dovrebbero fidarsi dei propri cittadini, pur nella consapevolezza che nei confronti dei minorenni, delle persone facilmente influenzabili o deboli di mente, esiste la possibilità del plagio o del reato di "circonvenzione d'incapace".

In via di principio sarebbe bene che il credente s'appellasse (non in quanto "credente" ma semplicemente in quanto "cittadino") a leggi e procedure previste dalla legislazione vigente, quando rivendica determinate libertà religiose negate. Come "cittadino" può pretendere la modifica di determinate leggi, il cui beneficio andrà per la libertà di religione in senso lato.

Chiesa padrona
Un falso giuridico dai Patti Lateranensi a oggi

Calza a pennello l'uscita editoriale (gennaio 2009) del volumetto di cento pagine dell'accademico di diritto pubblico, Michele Ainis. Il gustoso pamphlet, intitolato polemicamente *Chiesa padrona. Un falso giuridico dai Patti Lateranensi a oggi* (ed. Garzanti) si pone per fortuna in controtendenza ai festeggiamenti istituzionali dell'80° anniversario del Concordato, la cui parziale modifica del 1984, a quanto pare, viene considerata del tutto irrilevante ai fini dell'impianto complessivo favorevole agli indiscussi privilegi della chiesa romana.

Basti p.es. pensare alla recente immissione in ruolo degli insegnanti di religione cattolica o al fatto, ben ricordato dall'autore, che le istanze di nullità dei matrimoni religiosi vengono utilizzate, in sede civile, per far sì che il coniuge più ricco non debba versare gli alimenti a quello più povero.

Le prime trenta pagine sono dedicate alle assurde elargizioni pubbliche (statali e regionali) a beneficio di istituzioni cattoliche gestite in maniera del tutto privata: si riferiscono agli anni 2000-2008, con brevi puntatine a talune scandalose date storiche. Queste sono, diciamo, le pagine più "finanziarie" del volumetto, che per il resto svolge la sua argomentazione sposando tesi costituzionaliste a favore della laicità statale.

Il pamphlet è chiaramente un invito a rimuovere *tout-court* dagli articoli fondamentali della Costituzione quell'obbrobrio pattizio denominato "articolo 7", lì finito per motivi esclusivamente politici, con l'avallo decisivo - come noto - dei comunisti di Togliatti, preoccupati di non fare di una questione per loro marginale, quale quella religiosa, occasione di spaccature giacobine in un paese sconvolto dalla guerra e da vent'anni di fascismo.

L'incongruenza di quell'articolo, con cui s'ammette la presenza di due Stati sovrani all'interno del nostro paese[3], è oggi resa ancor più evidente non solo dall'accresciuta laicizzazione della società civile, ma anche dalla sua aumentata pluriconfessionalità, dovuta ai fenomeni migratori. Qui però veniamo al *punctum dolens* del pamphlet.

L'autore avrebbe dovuto focalizzare meglio la sua attenzione sul fatto che il crescente laicismo dei movimenti sociali risulta di gran lunga

---

[3] Ad essi si dovrebbe aggiungere quello che detiene le basi Nato, nonché quello della Repubblica di San Marino, che gode di ingiustificati privilegi.

superiore alla consapevolezza che di questo valore si ha a livello politico-istituzionale, dove, in questo momento, si fa persino fatica a riconoscere alle confessioni a-cattoliche il diritto a manifestare la propria diversità dal Vaticano. Eppure, se non si valorizzano questi movimenti laicisti, è assai dubbio che la politica ufficiale, quella parlamentare, sarà in grado di rimuovere, da sola, il suddetto articolo.

In tal senso ci pare singolare che all'autore sia sfuggito che l'art. 8, in cui vorrebbe far rientrare, peraltro giustamente, i rapporti dello Stato *con tutte le confessioni*, ivi inclusa la cattolico-romana, se è sufficiente per garantire l'equidistanza laica dello Stato nei confronti delle religioni, non lo è certo quando è in gioco la tutela dell'atteggiamento non-religioso.

È vero che l'art. 8 può essere ritenuto non idoneo a garantire un diritto del genere, ma allora perché non dire che anche l'art. 19 resta inadeguato a soddisfare le esigenze del laicismo nazionale? Il diritto assente nella nostra Costituzione è proprio quello che non assicura la libertà "da" qualsiasi religione.

Dovrebbe essere oggi lapalissiano (ma sappiamo bene che non lo è) il fatto che i cittadini vanno rispettati non solo a prescindere dalle loro fedi religiose, ma anche a prescindere dall'*atteggiamento* che hanno nei confronti della religione *qua talis*: atteggiamento che può essere anche *agnostico* e persino *ateo*.

Questo aspetto cruciale della laicità va inserito esplicitamente proprio all'interno del dettato costituzionale, in quanto non può essere sufficiente limitarsi a una generale legge sulla questione religiosa, auspicata dall'autore, con cui si vorrebbe sanare, una volta per tutte, quell'ingiustificata asimmetria a favore dello Stato del Vaticano, la cui religiosa anomalia si pone a livello mondiale.

Non ci sarà mai alcuna giuridica e politica separazione di chiesa e Stato se sul piano etico e filosofico non si arriva a riconoscere all'opzione ateistica una piena legittimità costituzionale.

Revisione o abolizione del Concordato?

Premessa

Il Concordato del 1929 firmato da Mussolini e dal card. Gasparri sancì la creazione della città-stato del Vaticano e obbligava l'Italia a pagare al pontefice un'ingente somma quale compenso per la rinuncia al potere temporale esercitato dalla chiesa direttamente nel proprio Stato, situato nell'Italia centrale, praticamente dall'incoronazione di Carlo Magno sino al 1870.

Esso dichiarava la cattolica religione ufficiale di stato, rendeva obbligatorio l'insegnamento della religione cattolica nella scuola statale (come pure la frequenza alle lezioni) e riconosceva il primato della chiesa nelle questioni familiari come il matrimonio e il divorzio.

Quel Concordato, che non impedì certo al fascismo di ostacolare l'attività della chiesa, rappresentò un regresso rispetto all'impostazione risorgimentale, improntata al principio di separazione fra Stato e chiesa ("libera chiesa in libero Stato"). Ciò in quanto la monarchia sabauda, una volta acquisito il potere col consenso delle masse, non poté più fare a meno della chiesa di fronte alle rivendicazioni democratiche delle stesse masse.

La separazione affermata in sede giuridica, col consenso politico degli intellettuali, non poté essere sostenuta nell'ambito della società civile, quando le masse pretesero una maggiore coerenza sociale degli ideali rivoluzionari (di qui la forte repressione delle rivolte contadine e di un fenomeno come quello del brigantaggio).

Sotto questo aspetto il Concordato del '29 non fu che la legittimazione di una situazione di fatto, cioè la constatazione, da parte dello Stato borghese, di una propria intrinseca debolezza politica, dovuta al carattere di classe della propria economia. Una debolezza che porta naturalmente la borghesia a tradire gli ideali democratici della propria rivoluzione.

Il nuovo Concordato siglato nel 1984 da Craxi e dal card. Casaroli, rispecchia, in maniera molto poco coerente, in verità, l'esigenza borghese del capitalismo avanzato di superare il limite del privilegio concesso a un'unica religione, quella cattolico-romana, per concederlo a tutte le religioni.

Per la moderna democrazia borghese, laicità non significa più esclusione di qualsiasi ingerenza ecclesiastica nell'attività politico-istituzionale dello Stato, ma riconoscimento a tutte le confessioni della possibilità (almeno teorica) di tale ingerenza. Al Concordato infatti sono seguite varie Intese con le religioni a-cattoliche (p.es. Valdese e Metodista nel 1984, Assemblee di Dio e Avventiste nel 1986, Ebrei nel 1987...).

La particolarità del nuovo Concordato sta appunto nel fatto che nei confronti della chiesa romana lo Stato ha riconfermato questo strumento pattizio, che è chiaramente lesivo non solo della libertà di coscienza ma anche della semplice libertà di religione. In tal modo la chiesa romana continua a beneficiare di molti privilegi ingiustificati non solo nei confronti dello Stato ma anche nei confronti delle altre confessioni. Lo strumento del Concordato, infatti, resta sempre più importante di qualunque Intesa.

Comunque sia, qual è la contropartita che lo Stato spera di ottenere accettando di firmare le Intese con le varie confessioni? Quella di offrire ai propri cittadini l'immagine (illusoria) di un ente equidistante dalla religione, sempre più neutrale, al di sopra non solo degli interessi delle singole classi sociali, ma anche delle loro opinioni in materia di religione.

Diceva Marx nella *Questione ebraica*: "Il cosiddetto Stato cristiano ha bisogno della religione cristiana per completarsi *come Stato*. Lo Stato democratico, il vero Stato, non ha bisogno della religione per completarsi politicamente". "L'emancipazione politica dalla religione - prosegue qualche riga dopo - lascia sussistere la religione, seppur nessuna religione privilegiata".

In Italia la revisione del Concordato del '29 non è neppure riuscita a garantire un'emancipazione davvero *politica* dalla religione. Esso è stato votato da Dc, Pci, Psi, Pri e Psdi; contro hanno votato i Radicali, Pdup, demoproletari e una parte della "Sinistra Indipendente"; i liberali si sono astenuti.

Principi generali

Le novità salienti del nuovo Concordato sono quattro:
1. la religione cattolica non è più la religione di Stato,
2. l'insegnamento della religione cattolica nella scuola statale ha carattere del tutto facoltativo, in quanto può essere fatto solo su richiesta,
3. nelle questioni di diritto familiare lo Stato rivendica una propria autonomia,
4. il finanziamento diretto della chiesa da parte dello Stato (la congrua) viene sostituito dall'autofinanziamento da parte dei fedeli.

Problemi emersi:
1. poiché la revisione prevede "nuovi accordi", "opportune consultazioni", "amichevoli soluzioni", varie "intese" e nuove "commissioni paritetiche", vi è il rischio che si sia dato il via, con tale revisione, a una sorta di contrattazione perpetua (p.es. al momento della firma erano ancora ignote "le disposizioni sugli enti e beni ecclesiastici in Italia e per il sostentamento del clero cattolico in servizio nelle diocesi", entrate in vigore con la legge n. 222/1985); tale contrattazione si pone fuori da ogni controllo parlamentare e non vi sarà possibilità di ricorso presso la Corte costituzionale né presso il corpo elettorale mediante referendum;
2. non si sarebbe potuto sostituire il vecchio Concordato con un nuovo Concordato senza rivedere l'art. 7 della Costituzione; essendo stato approvato con legge ordinaria, il nuovo Concordato dovrebbe essere considerato anticostituzionale;
3. nell'art. 1 si continua a richiamare la formula costituzionale, ambigua sul piano della terminologia "laica", relativa ai due poteri secondo cui essi sarebbero "ciascuno nel proprio ordine, indipendenti e sovrani": è noto infatti che il rispettivo "ordine" viene inteso dai due in modo diverso (un ente si richiama alla Costituzione, l'altro al diritto canonico);
4. nell'art. 2 i cattolici continuano a beneficiare di una duplice garanzia costituzionale: la stessa Costituzione e il Concordato, mentre i credenti acattolici devono limitarsi a particolari "intese";
5. nell'art. 3 si afferma che la circoscrizione delle diocesi e delle parrocchie è liberamente fissata dalle autorità ecclesiastiche, come pure le nomine dei vescovi e dei parroci, senza previa consultazione delle autorità civili (come invece era prima);
6. nell'art. 9 si mettono sullo stesso piano i princìpi della libertà di insegnamento e di scuola, affermando che essi sono previsti dalla Costituzione, quando in realtà il diritto a istituire delle scuole gestite da privati è previsto solo a condizione che non vi siano "oneri per lo Stato"; si è introdotto l'insegnamento curricolare di religione cattolica anche nelle scuole materne (per un ammontare annuo di 60 ore), semplicemente perché il nuovo Concordato garantisce tale insegnamento in scuole di ogni ordine e grado e si è imposto un insegnamento di due ore di religione cattolica (prima era solo una) nelle scuole elementari; si pretende che le scuole private cattoliche abbiano un trattamento scolastico equipollente a quelle statali, senza però precisare gli obblighi nei confronti dello Stato; si riconosce il valore della "cultura religiosa" senza specificarne il senso epistemologico; si riconosce il cattolicesimo come "patrimonio storico" degli italiani, tacendo del fatto che il cattolicesimo-romano rappresenta solo *una* delle correnti del cristianesimo e in ogni caso esso ha subìto nel

corso della storia nazionale tantissime modificazioni (anche dogmatiche) da rendere impossibile una rappresentazione *omogenea* di tale confessione; si vuol far credere che non ci sia differenza, sul piano delle "finalità scolastiche", tra un insegnamento confessionale, come appunto quello della religione cattolica, e un insegnamento culturale e scientifico (le altre discipline curriculari);

7. nell'art. 13 si prevede una collaborazione reciproca tra Stato e chiesa cattolica, sulla base di intese successive da attuarsi con semplice atto amministrativo (quindi al di fuori del controllo parlamentare), su un numero teoricamente sconfinato di "materie", precedentemente non previste (tutela dei beni artistici, calamità naturali, sostegno ai rifugiati, fame nel mondo ecc.);

8. è solo nel Protocollo addizionale che si afferma che la cattolica non è più la religione di stato; a ciò comunque non si è aggiunto che per lo Stato la libertà di religione è parte della più generale libertà di coscienza, che include - come noto - anche quella di ateismo.

I beni culturali

L'art. 12 del nuovo Concordato obbliga praticamente lo Stato ad accollarsi gli oneri della tutela del patrimonio artistico-culturale-religioso nazionale gestito da enti e istituzioni ecclesiastiche.

Il Concordato precedente escludeva che una materia del genere andasse considerata come una *res mixta*, in quanto si dava per scontato che il suddetto patrimonio appartenesse alla nazione e non alla chiesa romana, o comunque, se appartenente alla chiesa romana, non potesse essere oggetto di specifico finanziamento da parte dello Stato, che comunque andava deciso di volta in volta.

Se la chiesa vuole che il proprio patrimonio venga finanziato dallo Stato, occorre che lo Stato rivendichi non solo una totale proprietà di questo patrimonio, ma anche un'assoluta autonomia nella sua gestione.

Viceversa con questo Concordato il Ministero degli Interni si accinge a trasferire alle parrocchie (ora dotate di personalità giuridica) la proprietà di oltre 70 chiese monumentali di alto valore storico-artistico, col relativo apparato di arredi, da più di un secolo appartenenti al patrimonio pubblico e acquisite al demanio culturale dello Stato.

Il matrimonio concordatario

I matrimoni religiosi continuano ad avere effetti civili. E così le sentenze di annullamento, che possono essere applicate anche a distanza di anni o di decenni di vitale convivenza coniugale.

La disciplina in materia di matrimonio finisce col favorire una diversità nel trattamento patrimoniale conseguente alle dichiarazioni di nullità rispetto a quello che si ottiene in seguito alla pronuncia civile di divorzio.

Alcuni esempi: se due coniugi avevano statuito la comunione dei beni, in caso di annullamento richiesto da uno dei due, quella comunione materiale è come se non fosse mai esistita.

Siccome con l'annullamento del matrimonio la coppia è come se non si fosse mai sposata, risulta che non sia possibile alcun risarcimento del danno da parte di chi, dei due coniugi, l'ha subito (p.es. alcuna pretesa relativa agli alimenti).

La corte d'appello può solo statuire "provvedimenti economici *provvisori* a favore di uno dei coniugi..., rimandando le parti al giudice competente...".

Il finanziamento della chiesa

L'art. 7 sancisce l'obbligo per lo Stato italiano di finanziare le attività, il personale e il funzionamento della chiesa cattolica in Italia.

A tutt'oggi (2000) la chiesa romana dispone di circa 16.500 istituti religiosi, oltre 27.000 parrocchie e circa 16.000 enti di varia natura.

Quali sono le forme di finanziamento della chiesa?

1. la devoluzione dell'otto per mille del gettito Irpef di ogni anno,
2. la deducibilità delle libere offerte destinate alla chiesa fino a un importo predeterminato,
3. gli stipendi per i funzionari/operatori alle dipende della gerarchia impiegati in settori della Pubblica amministrazione (scuola, forze armate e di polizia, carceri, ospedali),
4. esenzioni dall'Iva e dall'imposta su terreni e fabbricati e sulle successioni,
5. contributi diretti alle scuole confessionali (materne non statali, elementari parificate, ex-magistrali parificate) e contributi alle famiglie non abbienti che mandano i loro figli presso scuole private, sotto il nome di diritto allo studio,
6. finanziamento pubblico per la costruzione e manutenzione di edifici di culto,

7. contributi a strutture religiose che dichiarano di svolgere un servizio sociale o che suppliscono all'assenza o inefficienza di strutture pubbliche;

8. le banche vaticane operano in Italia in una situazione di assoluto privilegio, al di fuori di ogni controllo valutario e bancario da parte dello Stato italiano.

Qui si può far notare che ogni contribuente può destinare in alternativa o allo Stato o alla Chiesa cattolica l'8 per mille non solo delle imposte da lui personalmente pagate, ma del totale delle imposte pagate anche da parte di quei cittadini che non avranno espresso alcuna scelta (neppure per una delle altre confessioni).

L'insegnamento della religione

Con il nuovo Concordato firmato da Craxi e Casaroli (1984) che cosa cambia relativamente all'insegnamento statale della religione? In pratica solo un aspetto di forma: la religione non è più un obbligo dal quale ci si può esonerare, ma una materia completamente facoltativa. Chi la vuole - in altri termini - deve farne, all'atto dell'iscrizione, esplicita richiesta.

In tal modo l'esonerato di ieri (in genere ebrei e testimoni di Geova), l'incerto o indifferente (la stragrande maggioranza) e l'ateo convinto ma non dichiarato (per timore di conseguenze) non si sentiranno più, rispettivamente: discriminati, annoiati e frustrati, ma finalmente liberi di fare una scelta diversa, di tipo personale (che poi, fino a 18 anni, spetta sempre ai genitori). Il guadagno, in sostanza, è di natura psicologica. Tutto il resto è rimasto immutato: confessionalità dell'insegnamento religioso, idoneità rilasciata al docente da parte dell'ufficio catechistico diocesano, *imprimatur* sui libri di testo, ecc.

Lo Stato ha imposto alla chiesa (recependo la progressiva laicizzazione della società) una "assoluta" facoltatività, ma ha dovuto continuare a cedere sul terreno - ben più importante - della confessionalità. Prima (col Concordato fascista) si aveva il privilegio riconosciuto a una chiesa forte da parte di uno Stato che non poteva non dirsi confessionale; oggi abbiamo da un lato la precisa negazione giuridica di quel privilegio da parte di uno Stato che rivendica una certa laicità e dall'altro la riproposizione pratica di quel privilegio in forme e modi attenuati.

Sotto questo aspetto vien da chiedersi se la separazione tra Stato e chiesa sarà il frutto di una progressiva laicizzazione della società o se invece non dipenderà da un'effettiva transizione della società dal capitalismo al socialismo, in quanto la storia pare non lasci molti dubbi in proposito: senza socialismo è impossibile realizzare una coerente e laica separazione tra i due enti. La borghesia può fare culturalmente a meno della religione, ma ne ha bisogno politicamente per garantirsi il consenso delle masse cattoliche, e in tal senso resta sempre vera la frase di Marx secondo cui "l'emancipazione *politica* dello Stato borghese dalla religione non è ancora l'emancipazione *umana* dalla religione".

Nel testo si parla chiaramente di "cultura religiosa" (e non di "dottrina" o "fede" o "esperienza"), e anche di "richiamo storico al cattolicesimo italiano", ma queste due precisazioni non vengono svolte in modo logico e conseguente (meno che mai nel Protocollo addizionale e nell'Intesa del 1985 (Dpr n. 751) tra la ministra Falcucci e il cardinale Poletti).

Infatti se lo Stato intendeva far capire che l'insegnamento della religione è ammissibile solo in quanto (e fino a quando) il cattolicesimo-romano è sociologicamente rilevabile - bene, questo si può capire. E bene ancora se si cominciano a intendere le verità di fede e i dogmi nell'accezione più laica di "cultura religiosa" - un primo timido passo è stato fatto.

Tuttavia, per garantire la scientificità all'insegnamento non "della" ma "sulla" religione non basta cambiare le parole, bisogna càmbiare la struttura generale dell'insegnamento, ovverosia:
- *l'istituzionalità della cattedra* (che andrebbe messa a concorso pubblico come tutte le altre, da assegnarsi a un docente laico laureato in scienze umane);
- *la didattica dell'insegnamento* di questa disciplina (che dovrebbe essere conforme alle finalità della scuola, con la possibilità, da parte dell'insegnante, di scegliere i testi che vuole);
- *i contenuti di questa disciplina* (non essendo la teologia una scienza, devono essere definiti i criteri epistemologici della nuova disciplina, che va insegnata secondo una metodologia storico-critica).

Andrebbe quindi tolta a tutti i livelli la confessionalità e introdotto un insegnamento laico-scientifico "sulla" religione (una confessionalità "scientifica" - come da più parti si ventila - è una contraddizione in termini).

Senonché, avendo optato per una strada, diciamo, più opportunistica, ci troviamo oggi di fronte a una situazione ancora più ingarbugliata. La diplomazia tridimensionale dello Stato è in grado di accomunare cose che si escludono a vicenda: da un lato si ammette l'importanza a livello socio-culturale e storico del fenomeno religioso e si apre la porta all'esigenza di studiarlo in maniera scientifica; dall'altro si riconosce che la religione non può più essere imposta (perché socialmente il fenomeno non è più ovvio e comunque la scelta religiosa va considerata come questione di coscienza), e da un altro ancora si continua ad accettare un insegnamento religioso tradizionale, semplicemente perché lo Stato non può prescindere da un trattato internazionale.

A questo punto ci chiediamo: come potrà sottrarsi lo Stato al dovere di garantire nella scuola - là dove richiesti - insegnamenti di religioni diverse da quella dominante?[4]

Tutto ciò non provoca soltanto dei problemi di ordine pratico[5], ma anche di ordine logico. In effetti, che senso ha sostenere che la religione è "affare di coscienza", quando poi si è costretti ad accettarne un insegnamento nelle scuole statali, seppure con la formula della esplicita richiesta? Che senso ha far pagare con tasse di molti cittadini che credenti non sono, un insegnamento che non li riguarda? Non ha forse ragione chi sostiene che le spese per la gestione di tali insegnamenti dovrebbero essere a carico delle comunità religiose locali?

Ma qui è il discorso della "laicità" che dovrebbe essere chiarito e portato avanti. Laicità, in questo caso, non significa tanto permettere che le diverse confessioni religiose si esprimano liberamente nella scuola statale, ma significa piuttosto affermare dei valori e dei principi che non possono ritenersi tali solo perché costretti a convivere con quelli religiosi, o solo perché così vuole un'intesa obsoleta come quella del Concordato, che viola di fatto qualunque vera separazione tra Stato e chiesa. Non è più possibile che la laicità si possa considerare tale soltanto dopo aver ricevuto il *placet* da parte degli ambienti ecclesiastici.

È ora di smetterla di considerare la visione laica della vita come il trionfo dell'assoluta indifferenza per i problemi metafisici e ontologici, o, peggio, come una sorta di materialismo rozzo e volgare. L'anticlericalismo era l'ideologia virulenta dei giacobini: oggi persino le Costituzioni dei paesi socialisti vietano l'istigazione all'odio e all'ostilità in rapporto alle credenze religiose (art. 52 della Costituzione sovietica del 1977).

Una scuola statale dovrebbe evitare il formarsi di sentimenti di concorrenzialità, di rivalità fra le religioni e fra queste e lo Stato, ovvero sentimenti di chiusura aristocratica, di ghettizzazione privilegiata, e questo sarebbe possibile anzitutto se s'impedisse a tutte le chiese di svolgere

---

[4] In fondo è stata per lo Stato solo una fortunata coincidenza che nell'Intesa stabilita con i valdesi, questi non abbiano avanzato la richiesta di entrare nella scuola. Non è forse vero che in alcune scuole di Roma lo Stato ha dovuto accettare la presenza di insegnanti rabbini per gli studenti ebrei?

[5] I problemi di ordine pratico non sono pochi: non potendo obbligare lo studente che non si avvale dell'IR a fare qualcos'altro, la scuola si trova costretta a gestire una massa di studenti libera di fare ciò che vuole (anche di uscire dagli istituti).

sistematicamente nelle scuole pubbliche una qualunque funzione di insegnamento, nonché di svolgere in maniera rituale qualsivoglia funzione religiosa (dalla messa d'inaugurazione dell'anno scolastico sino ai crocefissi in aula). Al massimo si può tollerare il confronto tra scuola e chiesa.

La scuola è un'istituzione laica della società civile, un servizio pubblico dello Stato (qui la differenza ciellina fra "pubblico" e "statale" è soltanto pretestuosa): al suo interno l'insegnante (anche se credente) deve usare un linguaggio scientifico, umanistico, col quale impartire dei contenuti di carattere generale (che non vuol dire generico), acquisibili da qualsiasi studente, a prescindere dal suo (del docente e dell'allievo) atteggiamento verso la religione, la quale non è e non può essere oggetto d'insegnamento statale, anche perché è solo nell'ambito della comunità ecclesiale che la fede può essere vissuta.

Il pluralismo, come regola di vita, che caratterizza la scuola pubblica non può voler significare che a chiunque si permette d'insegnare ciò che vuole: la libertà di opinione, nell'ambito di una scuola laica, è comunque limitata dai principi etico-politici e scientifici che la caratterizzano e che sostanzialmente sono quelli costituzionali. Neppure idee che favoriscono il pregiudizio o la discriminazione di etnie, culture, lingue, sessi, usi e costumi di popolazioni diverse dovrebbero essere oggetto di insegnamento. Neppure quelle favorevoli al fascismo, al nazismo e ad altre forme di dittatura politica.

Un insegnamento a-confessionale sulla religione non deve implicare alcuna forma d'indottrinamento (a scuola non si fa catechismo né pre-catechesi né pre-evangelizzazione) e neppure deve sollecitare al cosiddetto "sentimento religioso" (l'aula non è un confessionale). Lo sviluppo "integrale" della persona umana dovrebbe vietare, nell'ambito della scuola, l'educazione religiosa in senso lato (anche per il bene delle stesse confessioni). Non è la religione che a scuola deve porre domande alla scienza, ma il contrario (semmai si possono organizzare incontri, seminari, conferenze su argomenti di interesse comune).

Forse l'unico vero problema su cui valeva la pena discutere è il seguente: un insegnamento laico sulla religione, ovvero un insegnamento storico-critico della religione, è sufficiente che sia affrontato dai docenti delle materie storico-umanistico-sociali o ha bisogno di una cattedra specifica? Occorre cioè uno studio sistematico e approfondito o bastano alcuni punti-chiave?

È vero che già attraverso le materie umanistiche è possibile impartire un insegnamento laico sulla religione, ma è anche vero che in queste discipline il tempo dedicato ai problemi religiosi è troppo esiguo perché si possa garantire un affronto davvero serio e scientifico.

Dunque, per vivere in una società secolarizzata, comprendendone l'etica in maniera critica, è sufficiente assimilare delle nozioni di morale laica (o di educazione civica), diluite nelle varie discipline, oppure è indispensabile uno studio specifico sulla storia delle religioni, visto e considerato che il fenomeno religioso pretende ancora oggi di porsi in chiave politica in molti paesi del mondo? È necessario avere una competenza culturale generica relativa a un fenomeno che ormai va considerato del passato, oppure occorre avere anche una competenza specifica, che riguardi anche i campi del diritto, della politica, dell'economia, per comprendere un fenomeno che vuole giocare un ruolo attivo nel presente? Non dimentichiamo che l'IR è presente nelle scuole per motivi che non riguardano solo l'importanza socio-culturale del fenomeno religioso, ma anche per motivi chiaramente politici (il potere del Concordato, recepito dalla Costituzione) ed economici (i 25.000 insegnanti di religioni vengono stipendiati dallo Stato).

Marx diceva che la critica della religione è il presupposto di ogni critica - e in tal senso sarebbe bene istituire uno studio specifico su questo fenomeno mondiale; diceva anche che l'ateismo in una società socialista diventa col tempo una sovrastruttura inutile - e in tal senso si dovrebbe rendere del tutto facoltativo questo studio, lasciandolo all'interesse personale dello studente.

In sintesi

Il Concordato va abolito perché inficia il principio di eguaglianza dei cittadini affermato dalla Costituzione (art. 3: "Tutti i cittadini hanno pari dignità sociale e sono eguali davanti alla legge, senza distinzione di sesso, di razza, di lingua, di religione, di opinioni politiche, di condizioni personali e sociali"). Il Concordato è inoltre in contrasto con gli art. 8 e 19 relativi all'eguaglianza e alla libertà delle diverse confessioni religiose. Le esenzioni tributarie a favore degli enti ecclesiastici e dei beni della Chiesa, la devoluzione alla stessa dell'otto per mille, gli stipendi agli insegnanti di religione scelti dai vescovi e le corresponsioni finanziarie alla scuola privata, in massima parte proprietà di enti cattolici, in netto contrasto con l'art. 33 della Costituzione, configurano una situazione di palese contrasto con i i principi laici di eguaglianza e di separazione tra l'ordinamento statale e le confessioni religiose.

Costituzione e religione

Premessa

La Costituzione italiana è il frutto di un compromesso tra forze politiche borghesi (laiche e cattoliche) e socialcomuniste. Dal punto di vista economico-sociale la pretesa è stata quella di realizzare un "sistema misto", pubblico e privato. "I beni economici [i fondamentali beni produttivi, quelli che garantiscono il generale funzionamento di una società] appartengono allo Stato, ad enti o a privati." (art. 42).

Cioè da un lato le forze borghesi hanno voluto sostenere che "La proprietà privata [sui fondamentali mezzi produttivi e sulle risorse che determinano la vita della nazione] è riconosciuta e garantita dalla legge, che ne determina i modi di acquisto, di godimento e i limiti allo scopo di assicurarne la funzione sociale e di renderla accessibile a tutti. La proprietà privata può essere, nei casi previsti dalla legge, e salvo indennizzo, espropriata per motivi d'interesse generale." (art. 42).

Dall'altro però le forze socialcomuniste hanno voluto precisare, nella consapevolezza che le parole potevano restare lettera morta (e la storia della repubblica italiana ha dimostrato che senza una rivoluzione politica il loro destino è appunto questo), il seguente principio: "A fini di utilità generale la legge può riservare originariamente o trasferire, mediante espropriazione e salvo indennizzo, allo Stato, ad enti pubblici o a comunità di lavoratori o di utenti, determinate imprese o categorie di imprese, che si riferiscano a servizi pubblici essenziali o a fonti di energia o a situazioni di monopolio ed abbiano carattere di preminente interesse generale." (art. 43).

In virtù di questo compromesso si è realizzato l'altro, quello istituzionale tra Stato e chiesa cattolica. Le forze borghesi, non avendo e non potendo avere il consenso della maggioranza dei lavoratori, non possono realizzare il regime di separazione che pur desiderano. Anzi, realizzando quello di compromesso, esse si sono convinte di poter riottenere sul piano politico quel consenso negato sul piano sociale e culturale.

La chiesa evita di ostacolare lo Stato borghese a condizione che questo Stato accetti una relativa confessionalizzazione o quanto meno accetti di garantirle alcuni importanti privilegi economici, politici e culturali.

In tal senso l'ultima revisione del Concordato (1984) ha intaccato solo in parte la sostanza dell'art. 7 della Costituzione. Formalmente lo

Stato ha rinunciato alla confessionalità, ovvero alla religione di stato; di fatto esso continua a servirsi dello strumento concordatario per regolare i propri rapporti con una specifica confessione, assicurandole di conseguenza particolari privilegi. Il fatto stesso di servirsi di due strumenti diversi: "concordato" (per la chiesa romana) e "intese" (per tutte le altre confessioni), per regolare i propri rapporti con le varie chiese, lo dimostra.

Gli articoli di legge

Art. 7: Lo Stato e la Chiesa cattolica sono, ciascuno nel proprio ordine, indipendenti e sovrani.
I loro rapporti sono regolati dai Patti Lateranensi. Le modificazioni dei Patti, accettate dalle due parti, non richiedono procedimento di revisione costituzionale.

Come si può facilmente notare, lo Stato italiano, mentre da un lato afferma la propria sovranità sul piano dei princìpi giuspolitici, dall'altro è costretto a negarla, accettando che nel proprio territorio esista un altro ente, o meglio, un altro Stato, la chiesa cattolico-romana, avente pari sovranità, seppur - viene detto - "nel proprio ordine". Oltre a ciò, lo Stato italiano obbliga se stesso a regolamentare i propri rapporti con detta chiesa mediante lo strumento (che è in sostanza un compromesso istituzionale) dei *Patti Lateranensi*.

Con ciò in pratica non solo si legittima l'esistenza di un ente che, per salvaguardare la propria specificità, pretende di possedere una sovranità analoga o allo stesso titolo di quella statale, ma s'impedisce anche ai governi parlamentari di tale Stato di far rispettare le leggi a tutti gli enti che esistono nel territorio nazionale (in particolare s'impedisce di affermare con coerenza i princìpi della laicità in materia di *libertà di coscienza*), nel senso che la chiesa può sempre esimersi, sotto il pretesto della propria sovranità, dall'applicazione effettiva di tali leggi. Inoltre s'è avvalorato un documento, i *Patti Lateranensi*, co-redatto dal disciolto partito fascista, contravvenendo all'art. XII delle *Disposizioni transitorie e finali*.

Con l'art. 7 si è dato pieno valore a un Trattato internazionale avente validità permanente all'interno di un unico territorio nazionale. Cioè la chiesa romana è non solo assolutamente indipendente all'interno del perimetro del Vaticano, ma gode anche di ampia autonomia all'interno della nazione italiana, i cui confini coincidono con quelli dello Stato, e può addirittura agire indisturbata a livello internazionale, quindi potenzialmente anche contro il nostro stesso Stato.

Lo Stato italiano non viene a configurarsi come espressione politica della nazione più di quanto non lo sia la chiesa romana, che con questo Stato ha stabilito un preciso trattato internazionale. La rottura di questo trattato potrebbe comportare conseguenze imprevedibili per lo Stato italiano se la chiesa si appellasse all'intervento di potenze straniere.

Anche i trattati che hanno sancito l'istituzione della Nato determinano una sovranità limitata da parte del nostro Stato a tutto vantaggio degli Usa, ma questa limitazione si può spiegare col fatto che l'Italia ha perso la seconda guerra mondiale. Nei confronti della chiesa cattolica quale guerra ha perso lo Stato borghese? Quella risorgimentale?

È vero che la questione dell'unità nazionale non è stata ancora risolta nel nostro paese, ma è anche vero che la presenza di uno Stato ecclesiastico all'interno dello Stato italiano non può di per sé giustificare un riconoscimento di poteri così ampi, ovvero ciò si può spiegare solo perché la borghesia ha voluto servirsi della chiesa per fini politici strumentali, permettendo a quest'ultima di fare altrettanto (la base giuridica originaria di questa impostazione dei rapporti politici sta nella legge delle *Guarentigie*).

Posto questo, la precisazione del legislatore secondo cui la chiesa è sovrana soltanto "nel proprio ordine" necessita di un chiarimento. In senso lato, infatti, si può intendere col termine "ordine" tutto quanto concerne il "religioso"; di fatto, godendo la chiesa romana di vera sovranità politica, l'espressione assume un significato molto più pregnante. Se si fosse in presenza di un regime di *separazione* tra Stato e chiesa, l'"ordine" cui il legislatore si riferisce non potrebbe essere che quello "religioso", nel senso che giustamente lo Stato riconosce alla chiesa (ma in tal caso dovrebbe riconoscerlo a tutte le confessioni) una propria sovranità in materia. Tuttavia, poiché la Costituzione stabilisce un regime *pattizio*, il concetto di "ordine" inevitabilmente non può che includere tutto ciò che è specifico di uno Stato: p.es. avere dei confini territoriali, la possibilità di promulgare delle leggi, di battere moneta, di riscuotere le tasse, di dare effetti civili ai matrimoni religiosi, ecc.

In un regime di separazione dovrebbe essere lo Stato a riconoscere alla chiesa una indipendenza nei limiti previsti dalla legge, cioè è lo Stato che dovrebbe assicurare, senza aver bisogno di contrattarla, una non-ingerenza negli affari ecclesiastici. Se esiste un'equivalenza di poteri o una loro differenziazione solo formale, estrinseca, il concetto politico di "sovranità", che è specifico di uno Stato, perde completamente la sua ragion d'essere.

La Città del Vaticano è il nome di uno Stato vero e proprio, avente una superficie di circa un kmq, sorto nel 1929 sulla base di un trattato con lo Stato italiano. La propria sovranità e indipendenza è assicurata da una serie infinita di cose, che includono anche gli aspetti ferroviari, postali, telegrafici, telefonici ecc. La pienezza dei poteri legislativo, esecutivo e giudiziario appartiene al pontefice, che la esercita come un vero e proprio monarca. Il fatto di godere del privilegio della "extraterritorialità" (al pari di un'ambasciata o di una base Nato) lo mette al riparo da qualunque rivendicazione lo Stato possa esercitare nei suoi confronti o nei confronti di qualunque suo cittadino o prelato che vi possegga il diritto alla cittadinanza. Se le migliaia di antenne radio-televisive, possedute dal Vaticano, provocano gravi disturbi alla popolazione che vive nelle case di confine, lo Stato più di una semplice segnalazione non potrà fare. Se si vuole insabbiare un caso dai risvolti inquietanti (p.es. quello di Calvi) o proteggere un alto prelato su cui gravano dei sospetti (p.es. Marcinkus), nessuno avrà il potere di impedirlo.[6]

Si badi, con questo non si vuole affermare che lo Stato italiano dovrebbe amministrare anche gli affari religiosi della chiesa. Si vuole semplicemente dire che la sovranità della chiesa sulle "cose religiose" dovrebbe essere riconosciuta con un atto *unilaterale* da parte dello Stato, senza necessità di scendere a inutili, anzi illeciti compromessi. E la chiesa, a sua volta, dovrebbe accettare tale atto esercitando la propria sovranità nel rigoroso rispetto della Costituzione, esattamente come fanno tutte le altre religioni.

Se ci deve essere da parte dello Stato una sorta di "controllo" sull'attività della chiesa, questo dovrebbe essere inteso solo nel senso che lo Stato non può permettere che, in virtù di determinate idee religiose o di una loro particolare propaganda, si minacci la sicurezza o la libertà dei cittadini (p.es. il diritto alla libertà di coscienza o alla salute psico-fisica o alla privacy). Qualunque manifestazione religiosa può essere tollerata solo nel rispetto dell'ordine pubblico.

Questo non significa che un cittadino credente non possa opporsi alle leggi o ai governi dello Stato; significa che può farlo in quanto "cittadino" non in quanto "credente", cioè può farlo per rivendicare una libertà civile che gli viene negata (p.es. il diritto a manifestare pubblicamente le proprie opinioni religiose), non per rivendicare un diritto che lo porrebbe in una situazione privilegiata nei confronti di cittadini credenti in altre confessioni (p.es. il diritto di avere un insegnamento della religio-

---

[6] La Corte di Cassazione (1987) e la Corte Costituzionale (1988) ritennero che i dirigenti dell'Istituto Opere di Religione (Ior), coinvolto nel crack del Banco Ambrosiano, e cioè Marcinkus, Mennini e De Strobel, andavano considerati coperti da immunità penale in virtù dell'art. 11 del Trattato Lateranense (L. n. 810/1929).

ne pagato dallo Stato, cioè anche con le tasse di cittadini non interessati a quella religione).

Un cittadino credente può rivendicare un diritto incompatibile con le leggi dello Stato (p.es. il diritto per un medico di non fare trasfusioni di sangue o di non fare abortire una donna), ma questo diritto non può essere esercitato minacciando la sicurezza o l'integrità psico-fisica o la libertà o i diritti dei cittadini previsti dalle leggi dello Stato.

*

L'art. 7 fu il più discusso dalla prima sottocommissione dell'Assemblea costituente. Fu approvato con 350 voti (democristiani, comunisti e qualunquisti); i 149 voti contrari furono di socialisti, azionisti e liberali.

I comunisti votarono a favore sperando di ottenere in cambio:
1. il consenso dei democristiani di poter continuare a restare al governo,
2. il consenso dei cattolici per uno sviluppo democratico del paese, mostrando che il Pc non era un partito stalinista,
3. il consenso sufficiente (a livello parlamentare ed extraparlamentare) per poter rivedere i *Patti Lateranensi*, una volta costretta la chiesa ad accettare la repubblica democratica.

Purtroppo le cose finirono in maniera assai diversa:
1. il Pc fu espulso subito dopo dal governo di De Gasperi,
2. i cattolici continuarono a non fidarsi del Pc, almeno sino a quando il Pc non deciderà di trasformarsi completamente in un partito socialdemocratico,
3. i *Patti Lateranensi* sono stati leggermente modificati solo nel 1984 e continua a restare in vigore l'art. 7.

Togliatti motivò la scelta di approvare l'art. 7 dicendo che non avrebbe mai anteposto a una unità nazionale antifascista una divisione nazionale per motivi religiosi. Egli in sostanza era convinto che i tempi per una separazione di Stato e chiesa non fossero sufficientemente maturi (e questo mentre in Parlamento solo i democristiani e i qualunquisti le erano contrari).

A dir il vero la formulazione dell'art. 7 non fu quella voluta da Togliatti. Egli aveva proposto la seguente: "Lo Stato è indipendente e sovrano nei confronti di ogni organizzazione religiosa o ecclesiastica. Lo Stato riconosce la sovranità della chiesa cattolica nei limiti dell'ordinamento giuridico della chiesa stessa".

La prima parte della proposta, come si può notare, è facilmente condivisibile; la seconda meno. Togliatti, giustamente, non voleva porre la sovranità dello Stato sullo stesso piano di quella della chiesa. Uno Stato non può essere sovrano se al suo interno ve n'è un altro che rivendica pari sovranità: la specificazione del "diverso ordine" diventa, in queste condizioni, puramente formale, in quanto nella sostanza ha praticamente lo stesso valore. Uno Stato concordatario è infatti necessariamente uno Stato confessionale, seppure non in maniera così esplicita come quando esistevano gli Stati assolutistici o la dittatura fascista.

Tuttavia con la seconda parte della proposta inevitabilmente ci si contraddice, in quanto accettando una sovranità ecclesiastica limitata dalle leggi della chiesa stessa e non da quelle dello Stato, non si può poi impedire a detta sovranità d'intromettersi negli affari dello Stato.

La seconda parte della formula sarebbe andata bene se la chiesa romana avesse esplicitamente rinunciato all'uso del potere politico (cioè *in primis* allo Stato del Vaticano), ma in questo caso - è inutile nascondersrlo - non si sarebbe neppure posta la discussione sulla "sovranità e indipendenza" della chiesa. Nel senso che ciò le sarebbe stata riconosciuta, come ad ogni altra confessione, relativamente agli aspetti di culto, di associazione e di propaganda della religione, nei limiti consentiti dalla legge.

Sotto questo aspetto nessuna chiesa dovrebbe essere considerata come un'istituzione di diritto pubblico. La chiesa non è un ente "necessario", essendo soggetta alla *libertà di coscienza* dei cittadini, quindi dovrebbe sottostare alla normativa vigente per le associazioni private, dotate di personalità giuridica. Insomma l'art. 7 andrebbe completamente abolito o riscritto, evidenziando la piena sovranità e laicità dello Stato.

Art. 8. Tutte le confessioni religiose sono egualmente libere davanti alla legge.

Le confessioni religiose diverse dalla cattolica hanno diritto di organizzarsi secondo i propri statuti, in quanto non contrastino con l'ordinamento giuridico italiano.

I loro rapporti con lo Stato sono regolati per legge sulla base di intese con le relative rappresentanze.

Il principio affermato nell'art. 8 contraddice completamente quello precedente. Questo perché se da un lato lo Stato ammette la propria laicità riconoscendosi neutrale nei confronti di tutte le religioni, dall'altro è costretto ad ammettere che nei confronti di una religione l'equidistanza non ha valore.

Questo significa che l'art. 8 andrebbe letto, alla luce dell'art. 7, nel modo seguente: "Tutte le confessioni religiose sono egualmente libere davanti alla legge, ad eccezione di quella cattolica, che è più libera delle altre". Cioè al posto dell'avverbio "ugualmente" bisognerebbe mettere "formalmente" (non nel senso giuridico della "pienezza", ma in quello politico dell'"apparenza").

Infatti, essendo il nostro Stato compromesso con la chiesa cattolica, ed essendo ovviamente tale chiesa rivale di ogni altra, l'uguaglianza di cui godono tutte le confessioni a-cattoliche è necessariamente "relativa" al loro essere "a-cattoliche". Nel senso cioè che tutte queste confessioni possono, a seconda dei casi e delle situazioni, essere discriminate in modo "sostanziale", senza che vi siano adeguate leggi per tutelarle come tali. Se alla chiesa cattolica non piacciono ad es. gli ebrei, i protestanti o gli ortodossi, facilmente potrà trovare il modo, salvaguardando formalmente il diritto costituzionale e persino le varie Intese sottoscritte dallo Stato, per ostacolare quelle confessioni. Ciò che non può essere fatto sul piano istituzionale o legislativo, spesso viene fatto su quello meramente amministrativo. Questo perché uno Stato borghese realizza soprattutto compromessi con le religioni maggioritarie o comunque con quelle confessioni mediante cui può ottenere un certo consenso.

Non dimentichiamo inoltre che un'intesa si può sempre sciogliere; un concordato al massimo si può modificare (almeno finché non esiste da parte dello Stato o della società civile una precisa volontà politica favorevole alla sua abrogazione).

L'incoerenza tra i due articoli è proprio determinata da una insufficiente chiarezza del valore della laicità. Lo Stato non stabilisce in proprio tale valore, ma lascia che sia la chiesa cattolica a farlo. Laicità dovrebbe voler dire "autonomia dei valori umani"; viceversa, secondo la chiesa uno Stato non può definirsi democratico se non riconosce la religione come elemento fondamentale della vita civile. Posto questo, è poi facile alla chiesa avvalersi del criterio della maggioranza per imporre un regime pattizio diverso rispetto a quello delle altre confessioni.

La conseguenza politico-istituzionale più negativa è che nella nostra Costituzione lo Stato viene a configurarsi come "braccio secolare" della chiesa cattolica, nel senso che la chiesa continua ad esercitare una sorta di *potestas in temporalibus*.

L'altra inevitabile conseguenza è che questo articolo non prevede la libertà di *non credere* in alcuna religione. La libertà di coscienza viene qui equiparata alla *libertà di religione*, nel senso che ogni cittadino è libero di credere nella confessione che vuole.

In realtà la libertà di religione è solo un aspetto della libertà di coscienza, la quale appunto prevede anche la libertà di non credere in alcuna confessione.

Art. 19. Tutti hanno diritto di professare liberamente la propria fede religiosa in qualsiasi forma, individuale o associata, di farne pro-

paganda e di esercitarne in privato o in pubblico il culto, purché non si tratti di riti contrari al buon costume.

Con questo articolo il legislatore ha voluto far capire che un cittadino è libero di essere credente come gli pare, in forma individuale o associata, esercitando il culto o manifestando le proprie idee in pubblico o in privato: più di così un credente non può chiedere.

Ciononondimeno un diritto molto importante qui non è stato salvaguardato: il fatto cioè che un cittadino voglia essere *libero di non professare alcuna religione*. La Costituzione italiana non prevede la libertà "da" qualsiasi religione, cioè la libertà dell'ateismo o dell'agnosticismo. E quindi non è neppure prevista la possibilità di fare propaganda delle proprie idee "a-religiose".

Art. 20. Il carattere ecclesiastico e il fine di religione o di culto d'una associazione od istituzione non possono essere causa di speciali limitazioni legislative, né di speciali gravami fiscali per la sua costituzione, capacità giuridica e ogni forma di attività.

Questo art. è un po' ambiguo, soprattutto per i termini che usa. Pone sullo stesso piano l'*associazione* e l'*istituzione*, ad entrambe assegna "capacità giuridiche" e permette loro addirittura "ogni forma di attività".

Certo, per motivi religiosi non può essere discriminato nessuno, ma si deve comunque esercitare un controllo là dove si ha la pretesa di fondare delle "istituzioni ecclesiastiche" che potrebbero porsi in alternativa a quelle statali o che potrebbero esercitare delle funzioni che minaccino l'integrità o la sicurezza di uno Stato.

Sul piano religioso dovrebbero esistere solo "associazioni volontarie" (più o meno estese), aventi personalità giuridica e soggette al regime che riguarda tutte le associazioni private. Nessuna confessione dovrebbe assumere una funzione pubblica equivalente a quella di qualsivoglia organo statale. O comunque un'istituzione religiosa dovrebbe essere regolamentata da uno statuto soggetta ad approvazione da parte dello Stato.

Conclusione

Pur sapendo che sotto il capitalismo non esisterà mai una separazione completa tra borghesia e religione, e pur sapendo che una separazione tra Stato e chiesa non rappresenta che un primo passo in direzione della transizione verso il socialismo, la sinistra deve continuare a rivendicare una piena separazione giuridica di Stato e chiesa, al fine di spingere la democrazia politica verso le conseguenze più laiche possibili.

Politica e diritto nelle questioni religiose

L'umanesimo socialista, come ogni altro tipo di umanesimo reale, democratico, è in grado di avvicinare uomini e donne di religioni diverse o di nessuna religione. Se esiste una unità di intenti, in nome di tale umanesimo, su obiettivi comuni, ogni essere umano, in privato, può liberamente credere nella religione che vuole.

Per quale ragione un'affermazione così semplice da capire, viene categoricamente rifiutata da quanti fanno della religione un modello di vita? È noto infatti che chi concepisce in maniera integralistica la propria fede religiosa, non accetta di viverla in forma "privata". È dunque su questo concetto di "privatezza" che bisogna intendersi in maniera preliminare.

Un socialismo autenticamente democratico non può in alcun modo precludere la partecipazione al culto e alle funzioni religiose in genere, tuttavia questa forma di espressione religiosa agli integralisti è assai raro che appaia sufficiente.

Un integrista o fondamentalista esige che la religione abbia una rilevanza pubblica di tipo politico. Se lo Stato chiedesse a tale credente di non servirsi della religione per disobbedire a qualche legge, ma di limitarsi a farlo in quanto cittadino, quasi sicuramente riceverebbe una risposta negativa, sulla base della solita motivazione: un credente che vuole restare coerente coi propri ideali non può sdoppiarsi in due persone diverse.

Generalmente le leggi non obbligano a comportarsi contro la morale pubblica, contro i principi etici o religiosi o contro la libertà di coscienza. Tuttavia, pur vivendo da secoli in società i cui Stati si definiscono "laici", non è affatto raro che ancora oggi vi siano persone che si sottraggono a determinate leggi appellandosi alla propria coscienza religiosa.

Se un giudice cattolico crede nell'indissolubilità del matrimonio, potrebbe anche sentirsi in dovere morale di non concedere il divorzio alla coppia che glielo chiede. Se un medico cattolico considera l'embrione una persona umana, potrebbe anche rifiutarsi di applicare la legge sull'aborto.

In questi e altri casi analoghi che cosa si può fare perché la legge venga rispettata? Si possono fare tre cose:
1. sospendere dall'incarico il soggetto e destinarlo ad altra mansione o funzione;

2. sostituirlo con un collega, in modo che il servizio venga comunque garantito;
3. fare un lavoro politico e culturale a favore della laicità dello Stato.

Certamente non si può impedire l'*obiezione di coscienza*. In fondo, proprio in virtù di tale obiezione (che non fu patrocinata solo dal mondo cattolico) è nato il servizio civile, in alternativa a quello militare, e oggi è addirittura scomparsa la leva obbligatoria. È mutato l'atteggiamento delle autorità costituite.

L'obiezione di coscienza tuttavia potrebbe essere esercitata anche da un insegnante non religioso che decide di togliere il crocifisso dalla propria aula, al fine di rispettare le diverse religioni di appartenenza dei propri alunni. In questo caso come si dovrebbe comportare un dirigente scolastico: prendere atto di una mutata situazione sociale o far rispettare il Concordato?

È ben noto che ogniqualvolta si procede per via amministrativa, si finisce col creare situazioni di conflitto ideologico, che alla fine risultano controproducenti ai fini della diffusione delle idee di laicità. Quindi o si trovano situazioni di compromesso transitorie, che possano andar bene a tutte le parti, oppure (ma sarebbe meglio dire che le cose andrebbero fatte contestualmente) si procede con mezzi e metodi politici e culturali (conferenze, seminari, dibattiti pubblici...), in modo che sia direttamente la gente comune a farsi un'idea personale, ragionata, sulle vicende in corso.

Sarebbe assurdo pensare che uno Stato laico sia contrario all'uso della libertà di coscienza: non può esserlo neppure quando questa viene usata contro le sue stesse leggi. Però quello che i cittadini politicamente consapevoli sono tenuti a fare, devono farlo, proprio nel rispetto della democrazia.

Al tempo dei romani, allorché lo Stato pagano pretendeva che si considerasse l'imperatore una sorta di divinità terrena, i cristiani e gli ebrei, appellandosi alla libertà di coscienza, preferivano il martirio piuttosto che riconoscergli questa prerogativa; e grazie a questi martiri oggi apprezziamo enormemente la libertà di coscienza; ne abbiamo capito il suo profondo valore umano.

Oggi nessuna legge al mondo obbliga qualsivoglia credente a diventare ateo. L'unico Stato ateo del mondo - si diceva una volta - era quello albanese, che in effetti lo fu dal 1967 al 1991.

È stato semmai il cristianesimo che, a partire dall'imperatore Teodosio, ha obbligato i cittadini ad essere credenti nell'unica religione ammessa, creando così il ben noto "Stato confessionale". Esiste tutta una secolare lotta politica e culturale dei cittadini (non credenti o credenti in altre religioni) per emanciparsi da questa costrizione.

Il problema in effetti non sussiste quando è in causa il cittadino comune: uno può sempre appellarsi alla libertà di coscienza per non eseguire determinate disposizioni (p.es. gli studenti musulmani rifiutano nelle mense scolastiche determinati cibi; per quelli di religione ebraica il sabato è festivo, ecc.).

Tuttavia se la decisione di non rispettare le leggi contrasta col dovere di applicarle e di farle applicare, non sarebbe meglio che chi ricopre un ruolo di responsabilità civile cambiasse mestiere o funzione? Se la maggioranza dei cittadini è a favore della laicità dello Stato, per quale ragione debbono esserci dei funzionari pubblici, stipendiati con soldi pubblici, atti a svolgere mansioni di tipo clericale?

Laicità dovrebbe voler dire questo, che a una legge sbagliata si deve opporre, come cittadini, una legge giusta, da approvarsi a maggioranza: una volta approvata, l'applicabilità di questa legge non può essere a discrezione della volontà del singolo cittadino, altrimenti la convivenza diventa impossibile.

Se la coscienza religiosa individua in determinate leggi un ostacolo insormontabile all'espressione della libertà di coscienza, ci si dovrebbe organizzare come cittadini per modificarle, altrimenti si dovrebbe accettare il principio che la religione è una questione privata.

Se uno vuole vivere basandosi unicamente sui principi della propria religione, facendo assumere a tali principi una funzione politica e istituzionale vera e propria, occorre che si isoli in un perimetro geografico ben definito, ove le persone siano state preventivamente selezionate. Non è possibile vivere l'integralismo politico della fede religiosa in un contesto in cui la maggioranza dei cittadini non è religiosa o ha idee religiose diverse.

Tutto il Medioevo è stato integralista, ma questa situazione storica è definitivamente tramontata. Sono secoli che lo sviluppo del pensiero laico ha dimostrato che nessuna religione è mai stata capace di costruire una società a misura d'uomo, nessuna, una volta giunta al potere, è mai stata capace di risolvere i conflitti di classe, le discriminazioni sociali e l'oppressione in genere, in modo che fossero i ceti subalterni a trarne i maggiori benefici.

Il cristianesimo ha avuto duemila anni di tempo per dimostrare la propria capacità politica di risolvere i problemi dell'antagonismo sociale. Il fatto che non ci sia riuscito non poteva non essere preso come occasione per affermare il carattere del tutto *privato* delle scelte in materia di religione.

Il cristianesimo (e se vogliamo la religione in generale) non è più un fenomeno socialmente ovvio, anche se i poteri costituiti se ne servono o per equiparare fondamentalismo a terrorismo, specie in riferimento all'islam trapiantato in occidente, o per tenere le masse in una condizione in cui l'illusione serve per sopportare meglio le frustrazioni della vita.

Libertà di coscienza e libertà di religione

Il principio costituzionale della *libertà di coscienza* dovrebbe escludere, a priori o in via di principio, qualsiasi privilegio nei confronti della religione. Quindi non solo tutte le religioni dovrebbero essere dallo Stato considerate uguali o equivalenti, in maniera astratta, generica, a prescindere dall'effettivo rispetto ch'esse devono dimostrare nei confronti delle leggi, ma si dovrebbe dare anche all'*ateismo*, cioè alla libertà "da" ogni religione, la sua piena libertà giuridica.

Si è purtroppo costretti a usare il condizionale, perché di fatto nelle Costituzioni occidentali le cose stanno ben diversamente. Nei paesi democratico-borghesi gli Stati sono laici solo nel senso che permettono alle religioni (specie a quelle maggioritarie sul piano nazionale) di prevalere sulla *non-religione*, cioè sull'*umanesimo laico*. Spesso e volentieri questi Stati offrono maggiori privilegi a una religione maggioritaria rispetto a tutte le altre religioni.

La libertà di religione non è un aspetto, per questi Stati, della *libertà di coscienza*, ma questa viene considerata come una "concessione straordinaria" che si fa da parte dell'integralismo religioso, uscito sconfitto da guerre secolari. Cioè la chiesa può anche arrivare ad ammettere (e quella romana l'ha fatto per la prima volta col Concilio Vaticano II) che si possa essere semplicemente credenti non praticanti o non allineati alla confessione dominante, al limite essere deisti o agnostici, ma non ammetterà mai la legittimità dell'*ateismo*, poiché questo viene considerato come negazione esplicita di qualunque religione, della necessità di avere una qualsivoglia fede religiosa e, sul piano storico-politico, esso viene strutturalmente connesso all'edificazione di una società *socialista* e quindi equiparato a una forma d'irrazionalismo pratico e teorico, che inevitabilmente porta alla distruzione dei diritti umani.

Ateismo vuol dire "umanesimo integrale", nel metodo e nei contenuti (ovviamente non nel senso di Maritain, per il quale i contenuti restavano, in definitiva, del tutto "religiosi"). Dal punto di vista ateistico è la religione *in sé*, cioè a prescindere dalle sue particolari, specifiche, manifestazioni, ad essere priva di credibilità: in tal senso è improponibile chiedere all'ateismo di parteggiare per questa o quella religione, o di fare differenza tra una posizione "religiosa" e una "superstiziosa". Non si parteggia per un "credente", si parteggia per quel *cittadino* credente che sa o che vuole essere democratico.

La concezione parziale, limitata, della libertà di coscienza, codificata nelle Costituzioni borghesi, è stata ereditata da una lotta contro la chiesa cristiana che non s'è conclusa in maniera coerente: è un retaggio sia delle guerre di religione svoltesi in Europa al tempo della nascita del protestantesimo, che della guerra ideologica e politica condotta dall'illuminismo, dalla rivoluzione francese e dai moti liberali contro il tardo-feudalesimo. In tutti questi casi non si è mai arrivati a considerare la libertà di religione un aspetto della libertà di coscienza. Questa, più che un diritto, è diventata una sorta di *concessione* che, *obtorto collo*, la chiesa ha fatto alla borghesia e la borghesia l'ha accettata come concessione, pur avendola ottenuta come un *diritto*, perché in realtà tra borghesia e chiesa esiste un'esplicita intesa in funzione anti-socialista.

Sotto questo aspetto lo Stato laico borghese è sì uno Stato agnostico o indifferente alla religione, ma solo nel senso che non crede nella religione come forma *ideologica*, o meglio, nel senso che dimostra di credervi teoricamente (in maniera appunto *laicizzata*), benché praticamente si comporti in contraddizione ai principi che tutela o a cui dice di ispirarsi. Questa è stata per decenni la politica dei cosiddetti "partiti cattolici" o "democratico-cristiani", ch'erano o dicevano d'essere "cristianamente ispirati", mentre oggettivamente favorivano la diffusione del capitalismo nel loro paese.

La doppiezza stava nel fatto che a parole si diceva di accettare i valori della chiesa dominante, mentre nei fatti la religione veniva più che altro usata come forza *politica*, per un controllo delle masse, che avrebbero potuto opporsi alla diffusione del capitalismo.

Questo dimostra che lo Stato borghese in realtà non riconosce alcun vero "diritto", ma solo i rapporti di "forza", cioè i rapporti "politici". Lo Stato borghese riconosce i diritti solo a quelle forze politiche che li rivendicano e una di queste forze è stata appunto la chiesa, un'altra è stata la classe operaia. E tali diritti non vengono mai riconosciuti come "inalienabili" o "definitivi", essendo sempre soggetti a continui tentativi di revisione, di restrizione, di riformulazione in senso peggiorativo per gli interessi delle masse lavoratrici.

Gli Stati capitalisti sono in definitiva degli Stati confessionali dal punto di vista borghese. Il confessionalismo viene gestito dalla borghesia a seconda dei propri interessi di potere: di qui la politica dei compromessi, dei concordati, delle intese... Là dove non esiste un effettivo regime di separazione tra Stato e chiesa, lì esiste per forza di cose una sorta di "confessionalismo statale".

E in tale confessionalismo è impossibile impedire a un cittadino di non prendere le proprie concezioni religiose come pretesto per sottrarsi all'adempimento degli obblighi civili, quando questi obblighi vengono ritenuti contrari ai suoi interessi religiosi: è la stessa Costituzione che gliene offre l'opportunità. I cattolici integralisti, p. es., obbediscono allo Stato solo nella misura in cui la chiesa accetta di riconoscere la realtà di questo Stato. Non obbediscono quindi per "ragioni di coscienza" e, al limite, neppure per "timore", ma solo per convenienza, opportunità politica, proprio perché da questo Stato ottengono favori, privilegi, speciali concessioni e riconoscimenti.

Stato laico o ateo?

Uno Stato davvero "laico" è solo uno Stato che *in un certo senso* è "ateo": la laicità borghese è troppo ambigua per poter tutelare adeguatamente la libertà di coscienza. È "ateo" in senso formale, esteriore, estrinseco, indiretto...

Se si volesse essere coerenti sino in fondo bisognerebbe arrivare a dire che se un cittadino può professare liberamente qualsiasi religione o non professarne alcuna, significa che lo Stato, in pratica, è "ateo", anche se non lo è in senso *giuridico* né tanto meno *etico*, in quanto non impone l'ateismo a nessuno, né potrebbe farlo, senza violare appunto la libertà di coscienza.

Stato "ateo", o "laicista" che dir si voglia, dovrebbe semplicemente voler dire "aconfessionale", coerentemente "areligioso", la cui "neutralità" in materia di religione non è però indifferente ai tentativi della religione di volersi imporre politicamente o ideologicamente. Anzi, lo stesso credente avrebbe tutto l'interesse che il suo status di cittadino e la sua identità religiosa non risultassero condizionati da posizioni di tipo *clericale* (la strumentalizzazione politica della fede) o anche solo *superstizioso* (p.es. i fenomeni che negano valore alla scienza o al buon senso, come la magia, l'astrologia e quant'altro): ne potrebbe avere l'interesse sia come *credente*, per far capire che la vera religione non ha bisogno di queste cose, sia come *cittadino*, per evitare che in nome di tali strumentalizzazioni accadano eventi contrari alla libertà o alla sicurezza o all'integrità dell'individuo.

Certo, è impossibile stabilire il limite oltre il quale il cittadino credente non riesce ad andare nella critica del fenomeno religioso, ma dal punto di vista dello Stato è sufficiente ch'egli rispetti e faccia rispettare il principio di separazione tra Stato e chiesa e tra chiesa e scuola.

L'importante è chiarire il fatto che per "laicismo statale" non s'intende l'obbligo che il cittadino ha di aderire all'ateismo, poiché l'ateismo può solo essere scelto in coscienza, ma semplicemente l'obbligo che il cittadino ha di comportarsi formalmente come "ateo" (o, se si preferisce, come "laico") nell'ambito delle istituzioni civili, come p.es. gli uffici pubblici, le scuole, gli enti locali territoriali, la magistratura, l'apparato militare ecc. Nulla può impedire a questo cittadino di partecipare a funzioni religiose al di fuori di queste istituzioni.

Un cittadino religioso può comportarsi in maniera religiosa in una istituzione statale solo se ciò non viola l'identità religiosa di credenti diversi da lui e se non viola le disposizioni amministrative dello Stato. Un impiegato ebreo può non venire a lavorare in ufficio il sabato? Un impiegato islamico ha diritto a varie sospensioni dal lavoro per poter pregare il suo dio? Se questi individui riescono a trovare da parte dei colleghi il consenso necessario ad assicurare comunque il servizio pubblico, non sussiste alcun problema, ma se qualcuno si oppone, lo Stato deve necessariamente intervenire.

Prima che un sacerdote decida di svolgere la messa d'inizio anno scolastico o benedire gli alunni in occasione delle feste pasquali, occorre che gli insegnanti si assicurino che tali iniziative non violino la libertà di coscienza degli alunni non cattolici o non danneggino il corso regolare delle lezioni. Ha senso che uno studente pretenda di giustificare la propria impreparazione appellandosi alla frequentazione del catechismo pomeridiano?

Stato e partito: quale differenza verso la religione?

Uno Stato laico o democratico o socialista non è contro la religione *in sé*, poiché uno Stato non può fare propaganda contro la religione, non può "educare all'ateismo", ma ha il dovere di ostacolare la pretesa ingerenza politica o ideologica che la chiesa può avere nell'ambito delle istituzioni; se questa ingerenza avviene anche nell'ambito della società civile, devono essere gli stessi cittadini, di altre religioni o di nessuna religione, a difendersi, facendo valere i loro diritti.

È semmai il partito politico ad essere contrario alla religione *in sé*. Ecco perché il socialismo classico sosteneva che la religione poteva essere considerata una "questione privata" di fronte allo Stato, ma non poteva esserlo anche di fronte al partito. Un partito socialista o comunista può permettere allo Stato di tutelare la possibilità di scegliere una qualunque fede religiosa, ma ciò non può impedirgli di considerare tale scelta come una forma di libertà superata, anche se non andrà cert a sindacare sui conflitti di coscienza che può nutrire un militante sulle questioni di tipo religioso.

La fede religiosa non può mai essere vietata con la forza, né a livello statale né a livello partitico; viene semplicemente tollerata come una sopravvivenza del passato, il cui superamento lento e progressivo dovrà avvenire nel rispetto pieno e integrale della democrazia.

Il fatto che molti credenti possano essere migliori di molti atei non va addebitato a una pretesa superiorità della religione sull'ateismo, ma a una diversa capacità di vivere coerentemente i propri valori. Sia nell'ambito del laicismo che nell'ambito della religione, vi sono persone migliori delle teorie che professano e teorie migliori delle persone che le applicano. La superiorità di una teoria rispetto a un'altra va semplicemente dimostrata nella pratica.

Stato e chiesa possono coesistere pacificamente?

I valori che la chiesa promuove generalmente sono di tipo "religioso", altrimenti non vi sarebbero "credenti" ma solo "cittadini" di orientamento laico (agnostici, atei ecc.). Questo ovviamente non vuol dire che ogni chiesa non faccia di tutto per dimostrare che i propri valori "religiosi" sono gli unici valori "umani". Le religioni non sono soltanto in competizione tra loro, ma anche con l'umanesimo laico e approfittano di ogni debolezza altrui per dimostrare la propria superiorità.

Detto questo, lo Stato non può impedire alle chiese di sbandierare i loro propri valori come gli unici autenticamente "umani": il diritto di parola non può essere negato a nessuno. Sta al cittadino capire quando tali valori non hanno nulla di più di quanto si afferma sul piano laico nell'ambito della società civile.

L'importante è che una chiesa, quando promuove un qualunque valore, lo faccia nell'ambito delle leggi vigenti. Nessuna chiesa può delegittimare un'istituzione pubblica asserendo ch'essa non applica un determinato valore umano così come la chiesa stessa lo concepisce.

Facciamo un esempio: per la chiesa romana il matrimonio religioso è indissolubile (salvo concedere con sempre maggiore frequenza e sulla base di motivazioni sempre più ampie la facoltà dell'annullamento presso la Sacra Rota); ebbene essa non può delegittimare la legge sul divorzio, i tribunali che la applicano, gli avvocati che la difendono ecc. Nella società vige la democrazia: si discute intorno a determinati valori e poi si prendono delle decisioni e la minoranza si deve attenere alle decisioni della maggioranza.

La legge non obbliga mai nessuno a fare cose contro la propria coscienza. Nessuna legge può violare il principio della libertà di coscienza. La legge tuttavia deve tutelare se stessa da chiunque voglia continuamente rimetterla in discussione. Una legge approvata dalla maggioranza dei cittadini può essere modificata o abolita dalla stessa maggioranza, ma finché resta in vigore nessuno può disattenderla o impedire che venga applicata. La legge può prevedere la pena capitale per l'omicidio, ma nessuno può obbligare qualcuno a fare il boia.

La cosa che maggiormente dà fastidio, delle organizzazioni religiose, è la loro pretesa di dimostrare la superiorità dei propri valori religiosi quando constatano l'incoerenza di teoria e pratica da parte dei valori umani. Per quale ragione infatti, in tali frangenti, il credente interviene come "credente" e non semplicemente come "cittadino"? Che bisogno ha di speculare su una debolezza per dimostrare la propria superiorità? Se si comportasse in maniera laica, non ne trarrebbe vantaggio morale anche la propria confessione religiosa? I credenti dovrebbero intervenire come tali quando le loro stesse chiese contraddicono nella pratica i valori professati in sede teorica.

Il criterio fondamentale per comprendere quale atteggiamento dovrebbe tenere un cittadino credente in una società democratica, è il seguente: non lo Stato nella chiesa ma la chiesa nello Stato. Cioè il credente è anzitutto "cittadino" e solo per sua libera scelta è anche "credente". Lo Stato è per tutti e la chiesa solo per chi ci crede.

Il noto principio liberale: "Libera chiesa in libero Stato" non è del tutto errato se si pone l'accento sulla preposizione "in". Essa, che è di "luogo", non di "valore", non implica una subordinazione ideologica della chiesa nei confronti dello Stato, ma una semplice coesistenza pacifica regolamentata giuridicamente.

La preposizione semplice "in" dovrebbe servire a escludere che tra chiesa e Stato vi possa essere una rivalità di tipo politico nell'ambito di uno stesso territorio, come di regola invece avviene in tutti i regimi concordatari, dove il patto determina un compromesso temporaneo, una tregua pacifica in attesa di nuovi conflitti.

Uno Stato laico-democratico non dovrebbe realizzare un compromesso con un ente politico che gli minaccia continuamente l'integrità territoriale. E non si tratta neppure di realizzare una sorta di controllo assoluto da parte dello Stato nei confronti della chiesa. Si tratta semplicemente di operare una sorta di riconoscimento di fatto di due realtà diverse, da ratificarsi in sede giuridica, in maniera tale che mentre sul piano politico lo Stato esercita il proprio potere, la chiesa si limita a esercitare un proprio ruolo sul terreno etico-religioso della società civile.

In tal modo il regime di separazione è assicurato sul piano politico-istituzionale, mentre su quello sociale e culturale vige una sorta di coesistenza pacifica e di collaborazione reciproca.

La personalità giuridica

Non essendo un soggetto politico-istituzionale, in quanto del tutto facoltativo, la chiesa non può avere una personalità giuridica, però essendo un'associazione privata, regolamentata da statuti, gestita da consigli di amministrazione ecc., non può non avere una personalità giuridica corrispondente alla sua funzione. Alla chiesa p.es. lo Stato potrebbe affidare la gestione (non la proprietà) di alcuni patrimoni museali, artistici... La chiesa potrebbe gestire scuole private.

Le finalità ecclesiastiche sono indubbiamente "religiose" e, sotto questo aspetto, può apparire irrilevante riconoscere alla chiesa una qualificazione "giuridica", ma è anche vero che attorno a queste finalità vi sono aspetti economici e amministrativi da affrontare, e di questi non può essere ritenuta responsabile la singola persona.

In teoria la chiesa dovrebbe essere considerata non "soggetto" ma "oggetto" di diritto (un cittadino credente è "soggetto" di diritto non in quanto "credente" ma in quanto "cittadino"); tuttavia, finché esiste un'amministrazione statale, è impossibile non riconoscere alla chiesa una competenza giuridica che le permetta di tutelare al meglio i propri diritti e le proprie attività. Anche perché può apparire invasivo che lo Stato si preoccupi di regolamentare tutto quanto nell'ambito della chiesa non concerne strettamente il culto.

Lo Stato ha tutto l'interesse a relazionarsi con un organo che agisce alla luce del sole, ma per far questo deve necessariamente concedere ampi spazi di manovra, che ovviamente possono anche essere utilizzati contro l'interesse dello Stato.

Se lo Stato si mette a regolamentare tutta l'amministrazione "laica" della chiesa, delegando a quest'ultima compiti strettamente liturgici o religiosi, si finirà col creare un clima di sfiducia reciproca, che non aiuterà certo lo sviluppo della democrazia.

Certo è che dovrebbe essere nell'interesse degli stessi credenti gestire in proprio gli aspetti economico-amministrativi della loro chiesa, sottraendoli al controllo del clero o comunque esonerando quest'ultimo da un compito che potrebbe anche turbare la propria serenità interiore. Non si capisce infatti il motivo per cui la chiesa dovrebbe osteggiare, anche al proprio interno, una separazione nella gestione degli aspetti "spirituali" e "materiali".

Piuttosto ci si può chiedere se sia giusto che lo Stato riconosca il diritto alla libertà di religione solo in presenza di un'associazione regolarmente registrata. Lo Stato non può non riconoscere al cittadino il diritto a una religiosità "naturale" o individuale: è lo stesso principio della libertà di coscienza che obbliga a riconoscere questo diritto.

Sarebbe paradossale che uno Stato "separato" dalle chiese fosse costretto ad acquisire una particolare competenza in materia di religione, al punto di dover stabilire quando un'espressione di fede è "naturale" o "positiva".

Il fatto è che gli Stati temono che la libertà di coscienza possa essere invocata contro l'ordine pubblico e sospettano che le associazioni religiose svolgano un'azione ostile alle leggi costituite. Ma è difficile pensare di poter regolamentare delle attività in cui la libertà di coscienza gioca un ruolo di primo piano.

Nel passato "socialismo reale" s'impediva p.es. al clero il diritto all'elettorato attivo e passivo, poiché si riteneva che un membro del clero avesse degli ideali politici viziati in partenza, tali per cui, di fronte all'alternativa di salvaguardare gli interessi dello Stato o quelli della propria chiesa, egli avrebbe sempre scelto, in ultima istanza, quelli della chiesa.

Questo ragionamento non è molto diverso da quello che facciamo circa i nostri insegnanti di religione nelle scuole statali: un docente potrà essere "pluralista" quanto vuole, aperto al contributo di tutte le religioni (ecumenista o irenico che dir si voglia), ma in ultima istanza, messo alle strette, cioè messo nella condizione di dover scegliere, questo docente tenderà sempre a difendere ciò che lui rappresenta e in cui meglio s'identifica.

Tuttavia, gli aspetti sono diversi: un docente di religione non dovrebbe esistere in una scuola statale, per definizione "laica" (a scuola non si fa "catechismo", né può essere obiettivamente fatta una "storia delle religioni" da parte di un docente "mandato" dalla curia diocesana); inoltre il rapporto educativo tra docente e studente è asimmetrico, non è alla pari, sicché è difficile per uno studente replicare alle eventuali posizioni "clericali" assunte da un docente di religione.

Viceversa in ambito politico-parlamentare diventa un problema della coscienza del membro del clero, essere costretto a esprimersi secondo un linguaggio che di "religioso" non ha nulla. Se un sacerdote sceglie una vocazione politica perché continua a restare sacerdote?

Che cos'è il diritto laico?

Quando si parla di "diritto laico" s'intendono, generalmente, due cose: la *libertà di coscienza* e il *regime di separazione tra chiesa e Stato*. Là dove manca anche uno solo dei due elementi, è impossibile parlare di "diritto laico", se non in maniera molto approssimativa.

Una *piena* libertà di coscienza non è mai esistita in Europa occidentale, almeno da quando esistono le civiltà basate sugli antagonismi sociali. Infatti quando una minoranza comanda una larga maggioranza, o quando il potere statuale domina la società civile, la concessione di una *piena* libertà di coscienza fa sempre paura. Non a caso essa è stata negata ai cristiani per i primi tre secoli della nostra era bimillenaria, e i cristiani l'hanno negata agli altri per i secoli rimanenti.

Per avere la libertà di credere in una confessione cristiana diversa da quella cattolico-romana s'è dovuta attendere la fine della Guerra dei Trent'anni (1648), e unicamente per dire, col principio *cuius regio eius religio*, che i sudditi dovevano conformarsi alla religione del loro principe (cattolico o protestante che fosse) oppure emigrare.

Quindi c'era poco di cui gloriarsi. Le rivoluzioni borghesi (olandese, inglese e francese) han sempre fatto molta fatica a concedere la libertà di coscienza. I protestanti olandesi e gli anglicani inglesi la negavano ai cattolici, impedendo loro di accedere alle cariche più prestigiose del potere politico, militare o giudiziario.

Spesso si sente dire che l'Olanda protestante concedeva la libertà di coscienza a qualunque perseguitato per motivi di religione. Eppure si dovette aspettare la rivoluzione liberale del 1848 prima di veder soppressa la religione di stato e trasformate le confessioni religiose in associazioni di diritto privato.

Quanto ai rivoluzionari francesi, il massimo che riuscirono a fare, con Robespierre, fu quello di sostituire tutti i culti religiosi col culto filosofico, organizzato dallo Stato, della dea Ragione. L'anticlericalismo dei giacobini fu esasperante, specie quando vollero imporre la scristianizzazione con la forza.

D'altra parte la rivoluzione americana non era stata migliore: il presidente doveva giurare sulla Bibbia e persino sulle banconote doveva essere scritto (e lo è ancora oggi) "In God we trust". Il presidente americano è sempre stato considerato una sorta di "papa laico", seguace di una delle tante fedi religiose di quel paese, generalmente di tipo protestantico.

Nessun paese cristiano o ebraico o islamico ha mai concesso la piena libertà di coscienza, e se l'ha fatto - spinto dalle pressioni popolari

-, al massimo ha tutelato la libertà di credere in una qualche fede monoteistica, certamente non quella di non credere in alcuna religione.

Il primo Stato che ha equiparato giuridicamente la fede all'ateismo, cercando di legittimare entrambe le scelte, è stato quello russo l'indomani della rivoluzione d'ottobre. La quale, non a caso, aveva proclamato il regime di separazione dello Stato da tutte le chiese, dicendo ai credenti di opporsi, se del caso, alle leggi civili o alla loro applicazione in quanto "cittadini", non in quanto "credenti".

Ma già sotto Stalin s'iniziò a fare dell'ateismo una sorta di "religione laica di Stato". Lo Stato sovietico, infatti, smettendo d'essere laico, era diventato *ideologico*, anche se, in maniera ufficiale, solo quello albanese diceva d'essere "ateo".

La storia dell'Europa occidentale (ivi inclusa la sua parte russa) è passata dunque da un confessionalismo religioso a un confessionalismo ateistico. Di conseguenza non è mai esistito uno Stato davvero *laico*, cioè "separato" da tutte le chiese, intenzionato non solo a non permettere alcuna ingerenza clericale nei propri affari, ma anche a non esercitarla nei confronti di alcuna chiesa, se non appunto per tutelare la propria laicità.

"Diritto laico" vuol dire che uno deve essere lasciato libero di credere in ciò che vuole, se ciò non è lesivo del diritto altrui di fare altrettanto. Vuol dire rispettare tutte le fedi religiose e, nel contempo, l'assenza di qualunque fede.

Uno Stato è laico soltanto quando tutela la "forma" della libertà di coscienza, non il suo contenuto. Bisogna infatti fare attenzione che uno Stato resta confessionale anche quando, pur dichiarandosi aperto a tutte le religioni, tende a preferire quella maggioritaria o quella considerata nazionale per motivi storici.

I contenuti laici o religiosi devono essere tutelati dai diretti interessati, i quali forse un giorno smetteranno d'aver bisogno di un ente esterno che insegni loro a vivere pacificamente, senza fare delle diversità di opinione, di fede, di credenza un motivo per odiarsi reciprocamente.

I rischi del credere

Qualunque credenza religiosa comporta sempre il rischio che, al cospetto di un'esigenza di liberazione nei confronti di contraddizioni insostenibili, il soggetto assuma atteggiamenti nocivi o controproducenti al raggiungimento di uno scopo comune.

Il credente, infatti, oscilla sempre tra due atteggiamenti opposti: l'*ingenuità* e il *fanatismo*, che spesso portano a medesime conseguenze, anche del tutto involontarie.

L'ingenuità sta nel fatto che il soggetto crede in entità astratte, ritenute onnipotenti sotto ogni aspetto, per cui può essere facilmente raggirato o tratto in inganno. Può infatti diventare fanatico quando gli si chiede di compiere determinate azioni, in virtù delle quali gli viene fatto credere d'essere molto più in linea con la volontà divina.

In genere è abbastanza facile riconoscere credenti del genere, poiché sono quelli che antepongono le idee ai fatti, che privilegiano l'ideologia alla politica, che subordinano la soddisfazione dei bisogni al rispetto dei precetti religiosi, che praticano discriminazioni di vario tipo: fede religiosa, genere sessuale, provenienza geografica, lingua parlata e cose analoghe.

Con questo ovviamente non si vuole sostenere che per realizzare una liberazione nazionale o una qualche forma d'insurrezione non debbano esserci dei martiri. Semplicemente non dovrebbero esserci dei martiri influenzati dalle idee estremistiche di qualche intellettuale.

Si può morire per una giusta causa, ma a condizione che questa sia "popolare", cioè condivisa da ampi strati della popolazione. Quando si lotta per una giusta causa, non si può venir meno ai princìpi della *democrazia* o ai *valori umani universali*.

Una minoranza non può imporre le sue regole di vita, i suoi punti di vista alla maggioranza. Non si possono fare rivoluzioni o insurrezioni o moti popolari senza il consenso di ampi strati di cittadini e di lavoratori, senza dibattiti pubblici, senza confronto alla pari con chiunque voglia impegnarsi in progetti del genere.

La *persuasione ragionata* è la prima arma della democrazia. La seconda è l'*autodifesa*. Sarebbe assurdo, infatti, rinunciare a difendere le conquiste di un moto eversivo o di una qualche rivendicazione popolare solo perché l'avversario ha scatenato una controffensiva.

Dunque, ci si può fidare dei credenti? Diciamo fino a un certo punto. Quando sono in gioco interessi collettivi, che coinvolgono credenti di varie religioni e anche non credenti, sarebbe bene non affidare ad alcun credente delle responsabilità direttive o strategiche, proprio perché qualunque credente è una persona potenzialmente inaffidabile.

Non è infatti possibile sapere fino a che punto egli s'impegni, come cittadino, a favore della democrazia in sé o non piuttosto per ottenere dei privilegi proprio in quanto credente. D'altra parte non si può indurlo a compiere determinate azioni facendo leva sulla sua fede religiosa, poiché ciò implicherebbe una strumentalizzazione delle sue convinzioni. Neppure è possibile farlo agire come se tali convinzioni non le avesse (chi avrebbe il coraggio d'imporre a un ebreo o a un islamico di mangiare carne di maiale?), e tanto meno è possibile rinunciare alla sua disponibilità a lottare per il bene comune solo perché ha determinate convinzioni.

Bisogna sapere trovare un punto d'incontro che soddisfi l'obiettivo comune della liberazione dagli antagonismi sociali. Di regola, al cospetto di obiettivi del genere, si chiede ai partecipanti d'impegnarsi a prescindere dall'atteggiamento che si può avere in campo religioso, ma è evidente che i credenti, proprio perché tali, non mancheranno di far valere, quando lo riterranno opportuno, la loro diversità. Ecco perché non ci si può fidare ciecamente di loro.

Tuttavia bisogna fare attenzione a non ostacolarli per motivi di opinione e a non offenderli nei loro sentimenti, cioè a non creare, da parte degli organi di potere, degli inutili martiri. Se c'è una cosa, infatti, che induce a credere ancora di più nella verità delle proprie idee, è vedere che per queste stesse idee qualcuno è disposto ad accettare qualunque persecuzione.

Le regole generali, democratiche, da far valere nell'atteggiamento da tenere nei confronti delle religioni dovrebbero essere le seguenti: 1) la religione dev'essere dichiarata un affare privato (della coscienza), senza ch'essa possa aspirare a pretese di tipo politico o nazionalistico; 2) ognuno dev'essere lasciato libero di professare qualsiasi religione o di non riconoscerne alcuna, cioè di essere ateo o agnostico; 3) è inammissibile tollerare delle differenze sostanziali nei diritti dei cittadini motivate da credenze religiose, ovvero ci si può opporre a determinati comportamenti o leggi degli organi di potere se viene violata la *libertà di coscienza*, che è un diritto riguardante chiunque, credente o non credente che sia; 4) un partito politico può anche fare propaganda a favore dell'ateismo senza per questo violare la libertà di coscienza di nessuno; anche le chiese o le associazioni religiose possono fare propaganda delle loro idee; 5) sono possibili alleanze fra credenti e atei sulla base di piattaforme politico-programmatiche che nulla hanno a che vedere né con l'ateismo né con la religione; 6) se un credente accetta la linea politica di un partito aconfessionale, deve poi preoccuparsi da solo di risolvere le sue incoerenze sul piano ideologico: dal partito avrà soltanto l'assicurazione che non verrà discriminato per la sua diversa ideologia; 7) si può ammettere all'interno di un partito la libertà di opinione, ma entro i limiti fissati dalla libertà di associazione: non possono essere ammessi predicatori attivi di concezioni respinte dalla maggioranza del partito.

Il regime concordatario. La critica di Gramsci

Nei suoi *Quaderni del carcere*[7], Gramsci ha scritto pagine estremamente illuminanti sui rapporti politici moderni fra Stato e chiesa. Particolarmente significativo è, a questo proposito, il capitolo 11 del 16° Quaderno, interamente dedicato alla comprensione del regime concordatario che la chiesa cattolica ha voluto realizzare con lo Stato italiano (e non solo italiano).

Considerando l'indiscutibile valore di queste riflessioni, è grave che le forze di sinistra non siano ancora riuscite, p.es. tramite un referendum, ad abrogare l'art. 7 della Costituzione. Probabilmente ancora oggi la sinistra paga lo scotto di quella infelice soluzione adottata nell'ambito della Costituente, allorché si pensò che le motivazioni politiche dovessero avere la precedenza su quelle giuridiche.

Gramsci parte dal presupposto che con il Concordato si ha necessariamente la capitolazione dello Stato, e si preoccupa di dimostrarlo. "Il concordato – dice - è il riconoscimento esplicito di una doppia sovranità in uno stesso territorio statale" (p. 1866). Non nel senso ch'esiste una sovranità statale e una sovranità ecclesiastica, ma nel senso che quest'ultima si esplica in due modi: uno *diretto* (all'interno dello Stato del Vaticano) e l'altro *indiretto* (all'interno dello Stato italiano). A p. 1871 egli fa esplicito riferimento alla teoria del "governo indiretto" elaborata dal Bellarmino.

"Mentre il concordato - prosegue Gramsci - limita l'autorità statale di una parte contraente, nel suo proprio territorio, e influisce e determina la sua legislazione e la sua amministrazione, nessuna limitazione è accennata per il territorio dell'altra parte: se limitazione esiste per quest'altra parte, essa si riferisce all'attività svolta nel territorio del primo Stato..." (ib.), in quanto appunto attività "indiretta".

Perché accade questo? Perché è *inevitabile*. "Un concordato non è un comune trattato internazionale: nel concordato si realizza di fatto un'interferenza di sovranità in un *solo* territorio statale, poiché tutti gli articoli di un concordato si riferiscono ai *cittadini di uno solo* degli Stati contrattanti, sui quali il potere sovrano di uno Stato esterno giustifica e rivendica determinati diritti e poteri di giurisdizione..." (ib.).

Ecco perché "i concordati - dice ancora Gramsci - intaccano in modo essenziale il carattere di autonomia della sovranità dello Stato mo-

---

[7] Cfr l'edizione critica a cura di V. Gerratana presso Einaudi, Torino 1975.

derno. Lo Stato ottiene una contropartita? Certamente, ma la ottiene nel suo stesso territorio per ciò che riguarda i suoi stessi cittadini" (p. 1867). In pratica lo Stato diventa "confessionale", in quanto ha ottenuto "che la chiesa non intralci l'esercizio del potere, ma anzi lo favorisca e lo sostenga" (ib). (L'espressione "non intralci l'esercizio del potere" va appunto intesa nel senso che la chiesa rinuncia a una gestione *diretta* del potere politico, limitandosi a quella *indiretta*, ovvero rinuncia a una guerra civile per motivi religiosi e accetta appunto il regime concordatario). "La chiesa cioè - dice Gramsci - s'impegna verso una determinata forma di governo... di promuovere quel consenso di una parte dei governati che lo Stato esplicitamente riconosce di non poter ottenere con mezzi propri..." (ib.).

In sostanza, il regime concordatario è peculiare alla società borghese, la quale, fondandosi sulla proprietà *privata* dei fondamentali mezzi produttivi, non può ottenere il consenso democratico delle masse popolari: di qui la necessità di avvalersi del sostegno ideologico della chiesa cattolica.

Oggi tuttavia le cose stanno cambiando. Con lo sviluppo dell'imperialismo e quindi del benessere economico più o meno diffuso in occidente, si è cominciato a parlare di "dominio totale del capitale", ovvero della possibilità di estromettere la chiesa (specie quella cattolica che, diversamente dalla protestante, continua a rivendicare un protagonismo politico), dalla gestione *indiretta* della società. Cosa che ovviamente resta possibile solo in virtù della garanzia del suddetto benessere.

La chiesa sta reagendo a tale consapevolezza del capitale laicizzando progressivamente i contenuti del messaggio religioso, al fine ovviamente di dimostrare la propria necessità storica e di conservare i privilegi acquisiti.

Non dobbiamo infatti dimenticare che, da parte cattolica, concordato significa - dice Gramsci - "riconoscimento pubblico a una casta di cittadini dello stesso Stato di determinati privilegi politici. La forma non è più quella medievale, ma la sostanza è la stessa. Nello sviluppo della storia moderna, quella casta aveva visto attaccato e distrutto un monopolio di funzione sociale che spiegava e giustificava la sua esistenza, il monopolio della cultura e dell'educazione. Il concordato riconosce nuovamente questo monopolio, sia pure attenuato e controllato, poiché assicura alla casta posizioni e condizioni preliminari che, con le sole sue forze, con l'intrinseca adesione della sua concezione del mondo alla realtà effettuale, non potrebbe mantenere e avere" (ib.). In altri termini, il cattolicesimo-romano, se vuole salvaguardare i privilegi acquisiti con una propria forza politica, deve scendere a compromessi, nella società moderna, con una forza politica laica, sempre più secolarizzata.

Come è potuto accadere questo? Per la *debolezza* dello Stato. "Se lo Stato - dice Gramsci - rinuncia a essere centro attivo e permanentemente attivo di una cultura propria, autonoma, la chiesa non può che trionfare sostanzialmente" (p. 1872). E quando ciò avviene, "lo Stato non solo non interviene come centro autonomo, ma distrugge ogni oppositore della chiesa che abbia la capacità di limitarne il dominio spirituale sulle moltitudini" (ib.).

In definitiva, il cattolicesimo-romano, non esistendo più come "chiesa" sin dal momento in cui ha cominciato ad imporre politicamente il proprio valore religioso, non rende più possibile realizzare, al suo interno, una riforma che lo sappia riportare alla sua natura originaria. "La chiesa - osserva acutamente Gramsci - non può essere ridotta alla sua forza 'normale' con la confutazione in sede filosofica dei suoi postulati teorici e con le affermazioni platoniche di un'autonomia statale (che non sia militante): ma solo con l'azione pratica quotidiana, con l'esaltazione delle forze umane creatrici in tutta l'area sociale" (ib.).

La chiesa romana si è insomma tramutata nel corso dei secoli in modo così grave che, una volta create delle alleanze di potere, se la solidità di queste crolla, essa è trascinata inevitabilmente nella loro rovina.

La nuova legge russa sulla libertà di coscienza

Il 9 ottobre 1990 è entrata in vigore nella CSI (ex-URSS) la nuova legge "*Sulla libertà di coscienza e le istituzioni religiose*", dopo gli emendamenti apportati dai rappresentanti delle chiese e organizzazioni religiose al progetto di legge del 30 maggio, e dopo un ampio dibattito parlamentare, dove alcuni deputati hanno rilevato che con questa legge lo Stato intende riscattare le gravi responsabilità accumulate nei confronti del patrimonio spirituale della religione, restituendo ai cittadini dei diritti che avrebbero dovuto esercitare già da tempo. Solo la gerarchia cattolica delle repubbliche baltiche non ha inviato i suoi desiderata, dimostrando così che i vescovi baltici già si consideravano - come gran parte della popolazione - ormai "fuori" dell'Urss. Tutta la normativa vigente, incluso l'art. 52 della Costituzione, che garantisce solo agli atei la propaganda delle loro idee, nonché l'ultimo decreto in materia del 1975, dovrà conformarsi al nuovo testo. I libri scolastici saranno sottoposti a revisione entro l'a.s. 1992-93 e dovrà inoltre essere emanata una normativa *ad hoc* per gli obiettori di coscienza al servizio militare.

Le novità principali

1) L'articolo più importante, quello dal quale provengono tutte le altre innovazioni, è il terzo, poiché esso riprende il Decreto del 23.I.1918 sulla separazione della chiesa dallo Stato e dalla scuola, secondo cui i cittadini hanno il diritto di professare qualunque religione o di non professarne alcuna; ma a ciò ora si aggiunge che ogni cittadino ha il diritto di "esprimere e divulgare le proprie convinzioni connesse al suo atteggiamento verso la religione". Precisazione, questa, assai significativa, perché supera tutta la legislazione sovietica in materia, da Stalin in poi. La quale, come noto, impediva ai credenti di manifestare le loro opinioni, sia perché si temeva un uso clericale della religione, sia perché si dava per scontata l'antiscientificità delle opinioni religiose. Contraddicendo il principio della libertà di coscienza, che Lenin aveva voluto salvaguardare, la legislazione sovietica, da Stalin in poi, aveva preteso di circoscrivere la libertà di religione alla mera partecipazione cultuale.

L'art. 3 della presente legge ora ha proposto una soluzione più democratica: sul piano politico è sufficiente che la religione rispetti le limitazioni indispensabili per la tutela della sicurezza e dell'ordine pubblico (il che è previsto dalle leggi di tutti gli Stati moderni). Ciò significa:

a) che "nessuno può esimersi dall'adempimento dei doveri stabiliti dalla legge per motivi legati alle proprie convinzioni religiose", a meno che tale facoltà non sia espressamente consentita dalla legislazione dell'Urss (art. 4: anche questo articolo riprende il suddetto Decreto del 1918). A tale proposito, nella legge non si riconosce ancora l'obiezione di coscienza al servizio militare, anche se si afferma che i militari hanno il diritto di partecipare alla vita religiosa (art. 21);

b) che le organizzazioni religiose, in quanto tali, non possono svolgere attività politica (cioè adempiere a funzioni statali, partecipare alle elezioni, al lavoro degli organi statali o partitici), però possono partecipare alla vita pubblica in associazioni apartitiche, oppure singoli membri di tali organizzazioni possono svolgere attività politica in modo laico, in quanto appunto cittadini. In questo senso possono essere eletti alla carica di deputato nei soviet di tutti i livelli anche i ministri del culto (anzi già lo sono stati 192 ortodossi russi, 55 musulmani, 12 luterani, 12 battisti, 12 avventisti, e altri ancora). Questo in virtù del fatto che la chiesa, se può essere separata dallo stato e dalla scuola, non può essere separata dalla società.

Sul piano dei principî, la legge ribadisce da un lato la parità giuridica di tutte le religioni, ma afferma dall'altro anche quella fra ateismo e religione: non più privilegi all'uno né discriminazioni all'altra. Dunque lo Stato non finanzierà più "l'attività di propaganda dell'ateismo" (art. 5). Si ribadisce inoltre la separazione della scuola dalla chiesa, ma si afferma che il sistema d'istruzione statale ha "carattere laico" (art. 6): il che sta a significare che i corsi sia di marx-leninismo che di ateismo-scientifico non potranno più essere obbligatori. Fino all'ultimo momento, nel progetto, si prevedeva nelle scuole un insegnamento facoltativo ed extra-curricolare della religione, a richiesta degli studenti maggiorenni o, se minorenni, dei genitori, ma il comma è stato cancellato per evitare che in certe regioni "a rischio" (come p.es. l'Azerbaigian, l'Ucraina o il Nagorno Karabakh) potessero scoppiare nuove "guerre di religione". Tuttavia nelle repubbliche baltiche tale insegnamento è permesso nelle scuole statali.

2) Sono soggetti a registrazione non le istituzioni religiose in quanto tali, bensì i loro statuti, ai fini dell'acquisizione della personalità giuridica (art. 14). Il patriarcato russo-ortodosso ha criticato la normativa riguardante il riconoscimento della personalità giuridica, perché la legge prevede questo diritto anche per i piccoli gruppi composti da un minimo di dieci persone maggiorenni, offrendo così la possibilità di tensioni tra la chiesa come corpo unico guidato dalla gerarchia, ed un piccolo gruppo che potrebbe contrastare, sul piano giuridico, le autorità centrali della sua stessa chiesa. Non va inoltre dimenticato che alcune religioni o chiese

sono tuttora interdette, come ad es. i Testimoni di Geova o la chiesa cattolica ucraina di rito orientale. Si pone dunque la necessità di chiarire ufficialmente a quali condizioni queste organizzazioni religiose potrebbero essere registrate.

3) Tali associazioni e chiese possono svolgere attività socio-assistenziale, cioè i credenti possono entrare in ospedali, ospizi e carceri per assistere malati, anziani e detenuti, organizzandovi momenti di culto (art. 21 e 23). Il diritto di culto, comprese le pubbliche processioni, è stato ampiamente garantito. Già il 23.IX.1990, per la prima volta dopo 73 anni, gli ortodossi hanno avuto il permesso di celebrare nella piazza del Cremlino gli 843 anni di Mosca, ottenendo peraltro la restituzione della cattedrale dell'Assunzione, che era stata trasformata in museo. Si può qui ricordare che lo stesso Cremlino ha preso parte ufficialmente, nel giugno 1988, alle celebrazioni per il "Millennio del battesimo della Rus'".

4) Le organizzazioni religiose acquisiscono il diritto di gestire scuole ed istituti d'istruzione religiosa per bambini e adulti (art. 11) e per i propri "quadri", che possono anche essere inviati all'estero per studiare (art. 24), ovvero le chiese possono educare alla fede i loro fedeli anche fuori del culto e possono mantenere rapporti internazionali con altre chiese.

5) Alle associazioni religiose viene riconosciuto il diritto di proprietà (possono possedere beni mobili e immobili, art. 14), ma già molte chiese e confessioni hanno giudicato troppo alta la tassazione ora imposta sulle loro attività commerciali (come stampare libri, produrre oggetti per il culto, organizzare pellegrinaggi fuori dell'Urss, ecc.). Sono stati riconsegnati ai credenti oltre 1700 edifici di culto in precedenza adibiti ad altre funzioni, ed è stato accordato il permesso per la costruzione di oltre 1100 templi.

6) Si afferma che i genitori, di reciproco accordo, sono liberi di dare ai loro figli un'educazione etico-religiosa conforme ai loro principî, anche se giustamente si ribadisce che non è ammessa alcuna coercizione nella scelta nell'atteggiamento verso la religione (art. 3).

7) È stato abolito il Consiglio per gli affari religiosi presso il Consiglio dei ministri e sostituito con un'Agenzia di stato per assicurare l'osservanza scrupolosa della seguente legge: essa ha anche un ruolo d'informazione e consulenza (art. 29).

8) Si afferma la conformità agli obblighi internazionali dell'Urss sanciti dalla Carta dei diritti dell'uomo e dai documenti di Helsinki, al punto che se un trattato internazionale cui l'Urss aderisce, stabilisce norme diverse da quelle contenute nella presente legge, vengono applicate le norme del suddetto trattato (art. 31).

Perché questa legge?

1) La ragione più significativa che ha fatto nascere questa legge è che non si ammetteva la propaganda di idee religiose, poiché si riteneva la religione in sé un fenomeno negativo, a prescindere dal comportamento pratico dei singoli credenti. Lo Stato (e soprattutto il partito) davano per scontato il carattere "alienante" e "antisocialista" della religione, per cui anteponevano a considerazioni di tipo etico e politico considerazioni di tipo ideologico. La permanenza della religione, unitamente al fallimento del socialismo di stato, hanno rimesso in discussione i metodi amministrativi e politico-ideologici, usati fino ad oggi, per liquidarla. Si è così dovuto ammettere che il destino della religione dipende non solo da fattori strutturali, come ad es. l'economia, ma anche e soprattutto da fattori sovrastrutturali, come ad es. la coscienza. Si è altresì capito che la verità dell'ateismo deve essere continuamente dimostrata sul piano pratico, e che una volta dimostrata (in un confronto alla pari con la religione) tale verità non deve assolutamente essere imposta (né può esserlo subordinando totalmente il diritto a esigenze politico-ideologiche).

2) Vi erano molti abusi di carattere giuridico: ad es. i sacerdoti hanno sempre pagato tasse molto più alte dei normali cittadini, ma non avevano diritto alla pensione statale né ad altre agevolazioni; gli organi sindacali non registravano i contratti di lavoro delle organizzazioni religiose con gli addetti al culto (organisti, sagrestani, ecc.), perché non c'era la responsabilità giuridica; cioè a dire la mancanza di personalità giuridica comportava che i contratti e le transazioni per l'uso degli edifici di culto venissero stipulati da singoli credenti sotto la loro personale responsabilità (ciò che non è previsto per alcuna associazione privata). Si vietavano attività di beneficenza, perché si riteneva che nella società socialista non ve ne fosse la necessità o perché si temeva la diffusione di idee religiose presso gli individui più "deboli". Non dobbiamo dimenticare che dal 1929 lo Stato sovietico ha sempre obbligato la chiesa a svolgere funzioni inerenti solo al culto (a ciò, in verità, era stato indotto anche dall'attività controrivoluzionaria di molti esponenti del clero negli anni '20). La risoluzione del 1929 "*Sulle associazioni religiose*", che è in contrasto su molti punti col decreto leniniano del 1918, fu varata in un periodo storico in cui dominava la tesi stalinista secondo cui "l'ulteriore edificazione del socialismo comporta l'acuirsi della lotta di classe". Va peraltro notato che sebbene nei codici penali sovietici non vi siano articoli che prevedano la responsabilità penale per le convinzioni religiose, non di rado le autorità locali istituivano casi di procedimenti penali infondati (ai sensi soprattut-

to dell'art. 227 del CP della Federazione russa) per processare quei credenti ritenuti "scomodi".

3) Mancavano i testi religiosi, i luoghi per il culto e gli istituti per l'educazione religiosa (ad es. in Lituania e in altre repubbliche tutti i monasteri cattolici, chiusi in epoca staliniana, non sono più stati riaperti); gli ostacoli burocratici per la registrazione delle comunità erano enormi, mentre le stesse comunità non avevano sufficienti garanzie giuridiche per ostacolare la loro soppressione; a violare le leggi spesso erano proprio quei funzionari preposti alla loro tutela (vedi ad es. l'attività concreta del Consiglio per gli affari delle religioni); spesso venivano emanati degli atti "riservati" (per uso interno, la cui pubblicazione era vietata) che per molti versi snaturavano le leggi vigenti, ecc.

4) Questi e altri abusi raramente venivano riportati dalla stampa. Va detto tuttavia che più volte il governo sovietico aveva individuato grossolane ingiustizie circa l'atteggiamento dello Stato e dello stesso Pcus nei riguardi della religione. Non sono state poche le ordinanze e le circolari del governo che hanno denunciato la violazione della legalità (la più importante è senza dubbio l'ordinanza del CC del Pcus del 10.XI.1954). Uno dei motivi per cui queste direttive sono spesso rimaste "lettera morta" va ricercato nella stessa realtà del socialismo amministrato, che non permetteva un'autentica democrazia popolare. Nel periodo della stagnazione si praticarono soltanto degli aggiornamenti e degli emendamenti insignificanti di singole clausole delle leggi, ma le proposte di una modifica radicale venivano respinte in blocco: anzi, il Consiglio per gli affari delle religioni ne vietava anche la pubblicazione su riviste specializzate.

Dall'ateismo alla laicità

Senza dubbio questa nuova legge, emanata nella generale consapevolezza del fallimento del cosiddetto "socialismo reale", esprime la necessità di ridimensionare le pretese ideologiche connesse al progetto di forzato collettivismo e, in questo senso, essa mira a garantire, sul piano giuridico, una più ampia democrazia fra credenti e atei. Questa legge è stata voluta da un governo che ha riconosciuto inadeguata alla realtà della società civile l'immagine tradizionale dello Stato burocratico e autoritario. Cercando di conformare alla società il nuovo Stato di diritto, il governo ha voluto impedire a quest'ultimo, almeno sul piano giuridico, la pretesa di considerare l'ateismo migliore della religione. La legge infatti parte da due constatazioni: 1) che l'ateismo, sul piano pratico, può anche essere più antidemocratico della religione, 2) che la religione può anche avere degli aspetti umanistici da valorizzare (non circoscrivibili, come fino ad oggi si è fatto, alla lotta per la pace e il disarmo).

La nuova immagine di Stato è quindi quella di uno Stato "laico", cioè di uno Stato non solo indifferente tanto alla religione quanto all'ateismo, ma anche di uno Stato che lascia alla società (e alla storia) il diritto di decidere in materia. Non a caso il principio giuridico fondamentale sotteso a questa legge è, come molti hanno riconosciuto: "tutto quello che non è esplicitamente vietato, è permesso". Prima era esattamente il contrario: "ciò che non era esplicitamente permesso, era vietato". Il che significava non riconoscere alla società sovietica ampia responsabilità e maturità civile. Il nuovo Stato laico è invece sceso, per così dire, dal piedistallo e ha riconosciuto alla società il suo naturale primato. Rinunciando all'idea di presentarsi nelle vesti di uno Stato "etico" o "ideologico", che privilegia l'ateismo discriminando la religione, esso, d'ora in avanti, dovrà semplicemente limitarsi a garantire l'uguaglianza giuridico-formale di ogni atteggiamento verso la religione, nell'ovvio rispetto della Costituzione. Naturalmente ciò prevede che lo Stato debba rinunciare a farsi guidare da un'unica ideologia e da un solo partito.

Lo Stato sovietico è così passato da un concetto di Stato "ateo" (nel senso che relegava l'attività religiosa alla sola partecipazione cultuale, non nel senso che obbligava all'ateismo - come dicono gli integralisti), al concetto di Stato "laico", che permette l'attività religiosa a tutti i livelli, escluso quello politico, fruibile solo dal singolo credente (anche ecclesiastico), in quanto cittadino. La comunità religiosa potrà svolgere, con questa legge, attività pubblica, utilizzando anche i mass-media (che però in questo momento sono tutti monopolio dello Stato), ma non potrà svolgere attività politica in senso stretto, poiché dovrà rispettare il principio della separazione di Stato e chiesa. Principio, questo, che non è affatto lesivo dei diritti della religione, in quanto, se bene applicato, garantisce ai due enti un'effettiva indipendenza e sovranità, nei loro ambiti specifici. In fondo, il riconoscimento, da parte dello Stato, del diritto di divulgare le idee religiose, nasce anche dalla convinzione che i credenti (speriamo anche quelli cattolici) non ambiscono più a servirsi della loro religione per rivendicare un fine politico.

Questo non significa che lo Stato sovietico sia stato costretto a fare "delle concessioni", passando dall'ateismo alla laicità: esso ha semplicemente riconosciuto una realtà di fatto a livello sociale, e ne ha dedotto che l'ateismo statale, in una società per buona parte ancora religiosa, è una contraddizione in termini. Uno Stato del genere, che pur soltanto "induce" all'ateismo, senza un vero e proprio "obbligo" (come accadeva invece nell'unico caso dell'Albania), non è comunque in grado di rispettare scrupolosamente il principio, affermato in sede giuridica, della non-ingerenza. Questo Stato può trovare una qualche giustificazione storica nel fatto che il Pcus era convinto di poter portare tutta la società civile, col tempo, in virtù di una gestione verticale dell'economia, verso un'elevata consapevolezza scientifica, verso una matura organizzazione socialista. Oggi questa convinzione s'è rivelata illusoria. Nonostante le diverse pressioni, una buona parte della società è rimasta "credente". Il fallimento del socialismo sul piano economico ha poi fatto il resto: è stato proprio questo fallimento a rimettere in discussione il senso di uno Stato ateo. Ciò sta anche a significare che non può essere un regime di separazione che in sé può superare il limite della religione o garantire il valore dell'ateismo.

La perestrojka ha messo in luce le antinomie di una politica istituzionale che non teneva conto delle caratteristiche sociali e culturali della popolazione. Si dirà (e lo ha detto soprattutto l'ala stalinista che nell'agosto del 1991 ha tentato un golpe a Mosca): da quando c'è la perestrojka è aumentata la delinquenza e la corruzione. In realtà, grazie alla perestrojka molti fenomeni latenti sono venuti alla luce. Se ne sono venuti fuori più del previsto, ciò non può essere dipeso dalla perestrojka (in vigore da appena 6 anni), ma dalla stagnazione precedente e dall'attuale incapacità dei cittadini di autogovernarsi (grazie ai quali però il golpe è stato sventato!). La perestrojka non è altro che un'opportunità per liberarsi dal dominio delle istituzioni, dal verticalismo delle decisioni, dal carattere burocratico e amministrato della vita civile, sociale ed economica. Finché questa rivoluzione non verrà acquisita anche "dal basso", la perestrojka non riuscirà mai a conseguire gli obiettivi che si è prefissata. E il suo fallimento, se vi sarà, sarà il fallimento delle capacità autonome delle masse, non solo del nuovo Stato di diritto.

La legge in uno Stato laico

Allo stesso tempo, riconoscendo a tanta parte della cittadinanza un'importanza fino a ieri negata, lo Stato tende sempre più a delegare alla società civile il compito di tutelarsi dalle minacce alla democrazia (integralismi, clericalismi, fanatismi...). Se prima lo Stato impediva la propaganda religiosa per timore di strumentalizzazioni clericali, oggi la tollera, ma nella speranza che sia la stessa società a impedirne gli abusi. È vero, lo Stato continua a ribadire che la libertà di coscienza è tollerata nei limiti dell'ordine pubblico, ma delle due l'una: o la collettività si assume direttamente la responsabilità di gestire questi limiti (la cui flessibilità non può certo essere codificata una volta per tutte), oppure non si potrà mai evitare che lo Stato rischi di servirsene anche per impedire, sotto il pretesto di una minaccia all'ordine pubblico, una qualunque manifestazione della vita religiosa. Come ha giustamente detto il giurista sovietico J. Rosenbaum: "Se alle associazioni religiose si estende la stessa legislazione che vale per le altre associazioni, diventerà superflua una meticolosa regolamentazione statale dello status e dell'attività dei credenti" ("Tempi nuovi", n. 40/1988).

La legge non ha fatto altro che riflettere le esigenze della democrazia. Quanto più nella società aumenta la democrazia, tanto meno questa società sembra aver bisogno d'essere regolamentata dalle leggi. Per converso, quanto più diminuisce la democrazia, tanto più si rivelano inutili quelle leggi che pretendono di garantirla. La legge si rivela sempre più incapace di assicurare la coerenza tra principî e azioni, ed è sempre più costretta a demandare tale compito alla volontà dei cittadini, alle loro norme morali, alle consuetudini di valore.

Se la legge riconosce ai credenti la facoltà di esprimere le loro opinioni religiose, quelle stesse opinioni che fino a ieri il partito e lo Stato vietavano perché giudicate antiscientifiche, questo significa che la legge si affida al buon senso e alla ragionevolezza dei cittadini: in un certo senso la legge rinnega se stessa. Suo compito è diventato quello di tutelare la libertà di pensare, di discutere su ogni cosa, nella convinzione che sul piano pratico chi dice cose giuste può anche compiere azioni sbagliate e chi dice cose sbagliate può anche fare cose giuste. Ma ognuno si rende conto che le regole di questa convivenza possono essere stabilite dalla legge solo in modo molto formale e generico. In realtà la legge ha riconosciuto l'impossibilità di regolamentare le questioni di coscienza, ovvero che la coscienza non può essere modellata da alcuna legge.

Una legge che riconosce alla coscienza di potersi esprimere come vuole, deve per forza riconoscere la propria relatività. Per il momento essa serve a garantire che effettivamente ognuno abbia la possibilità di esprimersi, senza danneggiare la libertà altrui. Ma col tempo, quando la società saprà autogarantirsi la propria democraticità e tolleranza, la legge diverrà obsoleta (almeno in questo campo, benché non sia azzardato affermare che se gli uomini stanno arrivando alla consapevolezza che credenti e atei devono rispettarsi profondamente, a prescindere dalle loro convinzioni ideologiche, ciò significa ch'essi sono virtualmente in grado di rispettarsi non solo in materia di religione, ma anche in qualsiasi altro campo).

L'importanza di questa legge va dunque ben al di là del suo contenuto: essa implicitamente c'insegna che non si può istituzionalizzare più nulla, neanche le conquiste della politica, dell'ideologia, della scienza, del diritto e della morale. Tutto deve poter essere continuamente posto in discussione: questo è l'unico modo per garantire la possibilità della verità, ed è anche l'unico modo per permettere ai cittadini di manifestare maggiore consapevolezza e responsabilità. Se la religione vuole politicizzarsi, devono essere i cittadini ad impedirlo, senza delegare alcunché alle istituzioni.

La legge continua a impedire alla religione di fare politica semplicemente perché esistono decine di religioni, ognuna delle quali non accetterebbe d'essere governata da un'altra. In questo senso il regime di separazione di Stato e chiesa permette veramente ad ogni religione di essere libera (almeno sul piano formale). Ma è evidente che laddove una religione è fortemente maggioritaria, le sue pressioni sul governo di quella regione o di quello Stato saranno sempre molto forti, non foss'altro che per una semplice ragione: molti dei cittadini impegnati in modo politico nell'ambito dello Stato, sono gli stessi che s'impegnano in modo religioso nell'ambito della loro chiesa. È dunque solo la società che deve risolvere il problema e la modalità della propria laicità e democrazia. Stato e società restano laici finché la maggioranza dei cittadini li vuole così. Lo Stato in un certo senso deve fidarsi del livello di maturità civile dei propri cittadini, i quali, se assumono ogni giorno di più posizioni laiche, è perché ritengono che la religione abbia meno possibilità di risolvere i grandi problemi dell'umanità, non perché viene a loro imposto dallo Stato.

L'umanesimo nella religione

Ma c'è anche un altro aspetto da sottolineare, e lo faremo citando un editoriale della rivista sovietica "Kommunist" (n. 4/1988), il quale ha riconosciuto che "le norme morali universali furono in origine espresse sotto una forma religiosa", per cui il dialogo coi credenti diventa una necessità per tutti. "Le chiese che esistono in Urss - prosegue l'editoriale - devono trovare negli ideali umanisti del socialismo un'eco dei loro valori morali". Il governo sovietico, in sostanza, sembra aver compreso che "per il credente, la religione non è semplicemente un insieme di dogmi astratti sui misteri della creazione, ovvero una concezione del mondo, ma è anche un programma etico concreto, una scienza della vita, uno stato d'animo, un insieme di sentimenti e intimi pensieri". L'antidemocraticità di certe religioni può essere verificata solo nella realizzazione pratica dei loro principî, cioè a posteriori. La legge non può farsi carico dell'interpretazione più giusta dei principî umanistici, poiché essa istituzionalizza, dogmatizza, mentre la prassi è un concetto *dialettico*. Solo dal confronto continuo, aperto, delle opinioni (sulla base dei fatti) può emergere l'applicazione giusta di certe teorie.

Questo sta appunto a significare che il semplice principio della parità giuridica di ateismo e religione oggi non è più sufficiente ad assicurare un progresso della democrazia. Nell'ambito della società civile la cultura laico-scientifica deve cominciare a discernere gli aspetti più significativi delle religioni per accrescere il valore dell'umanesimo. Lo Stato non è tenuto a considerare una posizione religiosa migliore di un'altra, ma la società può farlo. Peraltro il concetto stesso di "uguaglianza delle religioni" è un concetto che nessuna religione può accettare, se non in sede puramente giuridica e formale.

Il socialismo ha tolto la realtà del privilegio, impedendo a una particolare religione di sentirsi superiore a tutte le altre. Lo Stato confessionale (feudale o borghese) sanzionava la legittimità di un'unica religione (quella più forte o quella maggioritaria) a scapito di tutte le altre, vietando in modo particolare l'ateismo. Ancora oggi nella Costituzione italiana non è neppure prevista la libertà "dalla" religione. In Italia non esiste il concetto di Stato "laico", in quanto il regime concordatario con la chiesa cattolica impone allo Stato la confessionalità in luogo della separazione. La Costituzione prevede solo formalmente l'uguaglianza di tutte le religioni: di fatto, essa afferma il privilegio di quella cattolica su tutte le altre, e non prevede in alcun modo il diritto all'ateismo. Sotto questo aspetto, il regime di separazione del socialismo amministrato, se da un lato ha effettivamente superato la realtà del privilegio, nell'ambito delle religioni, dall'altro però l'ha riprodotta, sottraendo l'ateismo dalle critiche che la religione stessa poteva muovergli.

Ebbene oggi bisogna affermare un principio supplementare sia a quello del pluralismo religioso che a quello degli atteggiamenti paritetici nei confronti della religione. Bisogna affermare il principio per cui una religione merita d'essere "privilegiata" - se così si può dire - rispetto alle altre se la società civile, nel suo complesso, la considera più vicina all'affermazione dei valori umani e democratici. Naturalmente questa facoltà di "privilegiare" una religione rispetto a un'altra dovrebbe essere continuamente sottoposta a verifica, proprio in quanto con gli errori del socialismo di stato e con quelli dello Stato confessionale si è capito che nessuna ideologia o filosofia o religione merita d'essere privilegiata in quanto tale, a prescindere dal suo atteggiamento pratico. Il socialismo democratico non dovrebbe avere alcuna ragione di temere d'appoggiare una religione progressista o un aspetto progressista di una qualunque religione, poiché ciò torna a vantaggio dei valori umani universali. Sarà la storia a decidere quale ideologia merita la migliore considerazione dell'uomo.

Bisognerà dunque arrivare a credere che se nessuna religione o ideologia può fruire arbitrariamente di privilegi politici, economici o sociali, al di là della sua attività pratica; potrà però fruirne, di volta in volta, se la sua attività sarà conforme ai valori umani universali. Di questo, è ovvio, può farsi carico solo il popolo, perché solo il popolo può rendersi conto sul piano pratico, nell'ambito soprattutto locale, quanto una religione sia democratica e quanto non lo sia. Da tempo il socialismo ha detto che solo la prassi è il criterio della verità. Uno Stato che per essere democratico è costretto ad affermare che tutte le religioni sono uguali, si toglie in tal modo proprio la possibilità di capire quale religione sia più democratica di un'altra sul piano dell'esperienza pratica, sociale. E non potendo capire questo, esso è costretto a considerare, come migliore criterio di vita, all'ovest il profitto, e all'est (fino a ieri) l'ideologia, a prescindere dal modo come vengono realizzati. Occorre quindi che lo Stato lasci al cittadino ampie libertà di manovra, di decisione, di libertà di scelta, di responsabilità personale e sociale, di valutazione critica... Lo Stato è troppo distante dalla società civile per capire l'essenza umanistica di una religione. La sua pretesa di neutralità ed equidistanza può essere un ottimo principio sul piano giuridico e politico, ma non è un principio che può aiutare la società a svilupparsi sul piano umano.

Sulla libertà di coscienza

La nuova legge sovietica sulla libertà di coscienza non è affatto una "concessione" alla forza della religione - come amano dire gli integralisti -, ma è piuttosto la testimonianza che senza libertà l'ateismo non è credibile e la religione non scompare. L'aver quindi voluto affermare il principio della democrazia, nell'ambito della libertà di pensiero, è segno che l'ateismo è diventato più consapevole di sé, cioè delle proprie potenzialità nonché degli errori commessi nel passato.

In effetti, finché il potere usa repressioni, censure e discriminazioni, nessuna verità può pretendere d'essere migliore di altre. Peraltro la verità non è cosa di cui si possa dire con la massima sicurezza: "Ecco, finalmente l'abbiamo", né la convinzione di poterne disporre autorizza mai a imporla con la forza, altrimenti la sua efficacia diventa inversamente proporzionale alle sue pretese.

Non solo, ma nessun organismo di potere si regge in piedi se non crede in se stesso, nelle proprie intrinseche capacità, nella propria forza morale. Il fatto di aver dovuto usare le pressioni politico-amministrative, burocratiche e poliziesche, in un campo delicato come quello della libertà di coscienza, stava appunto ad indicare che il sistema non funzionava anche da altri punti di vista, non ultimo - come s'è dimostrato - quello economico.

La superiorità di una determinata concezione del mondo, rispetto ad altre, va dimostrata coi fatti, non può essere imposta; e una volta dimostrata, bisogna lasciar liberi gli uomini di pensarla diversamente. Questo principio, checché se ne dica, non è mai passato neppure in Occidente. Basta fare un esempio: la superiorità della concezione del mondo basata sul principio assoluto della proprietà privata è sempre stata imposta con la forza, tanto che oggi nessuno la mette più in discussione. Il cittadino, da noi, può dire quello che vuole, a condizione naturalmente che non tocchi questo pericoloso tasto. A volte persino gli imprenditori privati fanno gli elogi della proprietà pubblica, ovvero del sistema misto, per garantirsi che nessuno venga a ficcare il naso nelle loro faccende private.

È evidente che in questo contesto, la nostra libertà di coscienza, di parola, di pensiero lascia il tempo che trova. Il comune cittadino può dire quello che vuole, ma poi sull'essenziale è costretto a stare zitto. Da noi le parole acquistano un peso quando chi le usa vuole sostituirsi a chi, dall'alto del suo potere, sta già difendendo a spada tratta lo stesso principio della proprietà privata. Ecco perché i nostri imprenditori possono anche disinteressarsi delle vicende e delle polemiche interne ai partiti. L'importante è che nessun partito metta in dubbio il valore della proprietà privata. Il resto è di secondaria importanza. Il capitalismo italiano, in futuro, potrebbe anche affidare i propri interessi a un partito di sinistra, ché tanto non cambierebbe nulla per le sorti del Paese: anzi il capitalismo ne trarrebbe un giovamento, perché diventerebbe più efficiente e razionale.

Il punto più importante della nuova legge sovietica, che prima non era ammesso, in quanto si riteneva inconcepibile permettere a una "falsità" (la religione) di potersi pronunciare pubblicamente, è il seguente: il credente può esprimere e diffondere le proprie convinzioni. Cioè a dire, anche se l'ateo sa che le opinioni religiose sono di per sé anti-scientifiche, a prescindere dal loro contenuto e dalle intenzioni di chi le formula, ciò non lo autorizza a discriminare ideologicamente il credente. Se le opinioni religiose sono oggettivamente false, non si può impedire al credente di manifestarle, di discuterle pubblicamente. Prima la Costituzione si limitava a garantire il rispetto della dignità e dei sentimenti del credente, ora invece deve tutelare anche la sua libertà di parola e di testimonianza.

Il legislatore, naturalmente, a tutto ciò ha aggiunto la riserva che tali opinioni non possono essere rispettate se comportano un turbamento dell'ordine pubblico, cioè se incitano alla ribellione, alla diserzione, alla guerra, all'odio etnico o razziale, o se provocano malattie mentali, sofferenze fisiche, guasti sociali... Tuttavia bisogna stare attenti a non ricadere nelle forme autoritarie di gestione del potere. Qui è il principio di maggioranza che deve farsi valere, non quello politico-amministrativo.

Facciamo un esempio. Da noi la chiesa cattolica è contraria a qualunque forma di contraccezione che preveda mezzi meccanici; però l'AIDS, senza l'uso del profilattico, tende a diffondersi. Ebbene cosa succederebbe se l'opinione della chiesa risultasse prevalente? La nostra chiesa predica la continenza sessuale. Se il virus si diffondesse rapidamente, cosa saremmo costretti a fare? Dovremmo creare dei ghetti per tutti gli ammalati, imponendo loro un regime di assoluta astinenza sessuale? Dovremmo considerare questa malattia come un giusto castigo di dio per i nostri o i loro peccati? Oppure dovremmo reagire con la forza impedendo alla chiesa di parlare? Qui è appunto il concetto di maggioranza che deve farsi valere. Se la maggioranza volesse l'astinenza assoluta, forse dovremmo imporla; ma se non la volesse, noi non potremmo impedire alla chiesa di proporla. "Democrazia" vuol dire anche giocarsi in prima persona, non delegare le scelte fondamentali della vita allo Stato, rischiare di commettere incredibili sciocchezze o di violare la libertà altrui...

Dallo scambio delle idee, dai dibattiti culturali e scientifici, dal confronto democratico dovrà emergere la possibilità di farsi una convinzione personale e la necessità di prendere delle decisioni, soprattutto in ambito *locale*, in quanto una democrazia gestita a livello nazionale è qualcosa di molto farraginoso. Prendiamo sempre l'esempio dell'AIDS. Una soluzione negoziata potrebbe essere questa: proporre subito l'uso gratuito del profilattico, con tanto di campagne socio-sanitarie e nel contempo servirsi dell'occasione per ripensare i criteri con cui si vive la sessualità, o le motivazioni che ancora oggi spingono tanti giovani alla tossicodipendenza. Cioè bisognerebbe servirsi del "male" per rivedere alcuni aspetti sociali, culturali, comportamentali che caratterizzano negativamente la nostra società. Altrimenti il rischio qual è? Che col profilattico potremo anche tamponare la falla per un breve periodo di tempo, ma non avremo risolto il problema. Neppure il vaccino lo risolverà, poiché se il virus è nato in seguito a certi comportamenti, dovremo aspettarci in futuro nuovi virus, ancora più pericolosi.

Il persistere della tossicodipendenza o dell'omosessualità porterà le religioni (soprattutto quella cattolica) a criticare sempre di più *tutta* la società, anche i suoi aspetti positivi, solo per avere la possibilità di riaffermare un potere estraneo, clericale. Dunque, è mai possibile che per non concedere nulla al moralismo dei preti, dobbiamo lasciarci sfuggire l'occasione di affrontare il problema dell'AIDS in maniera più profonda e articolata? Può forse bastare la medicina per risolvere un problema che ha le sue cause in fenomeni sociali e di costume morale?

Atei e credenti devono confrontarsi più liberamente, senza pregiudizi. Soprattutto devono tener conto delle esigenze umane che muovono i loro discorsi. Devono anche considerare che spesso nei loro discorsi vi è più ragionevolezza di quanto loro stessi ne siano consapevoli. Il fatto che si abbiano concezioni diverse intorno ai grandi perché dell'umanità, non può essere considerato un motivo valido per impedire la collaborazione reciproca in campi d'interesse comune.

La coscienza è sempre più forte della legge, in quanto se ha bisogno della legge per essere rispettata nella sua libertà, ne ha sempre meno bisogno quando la libertà è rispettata. La coscienza è libera di natura, e la legge che non la riconosce non serve alla democrazia.

Nota sulla nuova legge sovietica della libertà di coscienza

Affermare che in tutta l'Europa orientale, anche prima della attuale perestrojka, vi è sempre stata "piena libertà di religione", è fuorviante, pur senza nulla togliere al fatto che in Occidente la libertà di religione è così "piena" che praticamente non resta quasi alcuno spazio per la libertà "da" ogni religione.

Non meno riduttivo è limitarsi a ribadire che, nonostante gli abusi commessi dal potere politico, gli ideali del socialismo scientifico meritavano ugualmente d'imporsi su quelli religiosi.

Che dire ora di chi lascia intendere che tali abusi non sono stati altro che un'invenzione della "propaganda borghese"?

Difficilmente tale posizione potrà accettare le acquisizioni progressiste della "nuova mentalità", secondo cui:
1. gli abusi erano maggiori di quel che a prima vista sembrasse, in quanto la censura impediva d'individuarli;
2. le violazioni giuridiche della magistratura o quelle politiche del governo o quelle amministrative dello Stato, nel campo della libertà religiosa, falsificano enormemente gli ideali del socialismo, in quanto non si può impedire con l'uso della forza l'espressione pubblica di idee contrarie alla scienza e al socialismo democratico, soprattutto quando tale scienza e tale socialismo vengono utilizzati per scopi non democratici;
3. sul piano del comportamento pratico i credenti possono anche essere migliori degli atei (non solo, ma proprio per questa ragione, possono anche avere dei principî migliori, più "umani", benché espressi in forma "religiosa"): ciò in quanto la superiorità di un'ideologia, rispetto a un'altra, va dimostrata non una ma cento volte, lasciando alla controparte il

diritto di dissentire, ovvero lasciando alla storia il compito di decidere quale meriti di sopravvivere nel confronto democratico.

Senza questi presupposti non sarebbe mai maturata la recente e importante legge sulla libertà di coscienza.

Nota sulla legislazione precedente

L'art. 52 della Costituzione sovietica del 1977 aveva mutato l'art. 124 della precedente Costituzione in un punto di fondamentale importanza: quello riguardante il fatto che andava vietata l'istigazione all'odio o (anche solo) ostilità in rapporto alle credenze religiose.

La Costituzione staliniana del 1936, dando per scontata che qualunque propaganda ateistica fosse svolta in maniera scientifica, lasciava infatti aperta la porta alle misure amministrative che si potevano prendere arbitrariamente a carico dei credenti.

Inoltre quella Costituzione non tollerava la propaganda delle idee religiose e, legando inoltre la religione al semplice culto, permetteva un controllo politico-amministrativo della religione relativamente agevole.

La libertà della propaganda religiosa fu riconosciuta dal governo sovietico solo nella Costituzione del 1918 (art. 13). In quella del 1029 era già stata esclusa (si riconosceva solo la libertà di culto).

Bibliografia

- G. Codevilla, *Stato e chiesa nell'Unione Sovietica*, ed. Jaca Book.
- Id., *Le comunità religiose nell'URSS*, ed. La casa di Matriona.
- Id., *Il progetto di legge: Sulla libertà religiosa in URSS*, in "L'altra Europa", sett-ott. 1990.
- I. Safarevič, *La legislazione religiosa nell'URSS*, ed. Paoline.
- V. Kouroedov, *La religion et l'Eglise en URSS*, ed. Progress Mosca (ne esiste una piccola riduzione in italiano presso la Novosti).
- G. Barberini, *Stati socialisti e confessioni religiose*, ed. Giuffré.
- C. Cardia, *Società civile e società religiosa nel pensiero marxista*, in "Il diritto ecclesiastico", 1968.
- B. Bociurkiw, *I rapporti fra Stato e chiesa in URSS*, in "L'est", n 1/1968.
- R. Renaldin, *L'ateismo leninista e l'antireligiosità in URSS*, ed. Multistampa (PD).
- A. Besançon, *Breve trattato di sovietologia ad uso delle autorità civili, militari e religiose*, ed. dello Scorpione, Milano 1976.
- Molto materiale sulla legislazione euro-socialista relativa alle questione

religiosa è reperibile nelle due riviste di C.L.: "Russia cristiana" (ora "L'altra Europa") e "CSEO" (che da qualche hanno ha cessato le pubblicazioni).
- Il testo della legge è apparso in "URSS oggi", n 1/1991.

Proposta di legge sulla libertà di coscienza

Capo I

Libertà di coscienza e di religione

Art. 1

La libertà di coscienza e di religione, quale diritto fondamentale della persona, è garantita a tutti i cittadini in conformità alla Costituzione, alle convenzioni internazionali sui diritti inviolabili dell'uomo e ai princìpi del diritto internazionale generalmente riconosciuti in materia.

Art. 2

La libertà di coscienza e di religione comprende il diritto di professare liberamente la propria fede religiosa o credenza, in qualsiasi forma individuale o associata, di diffonderla e farne propaganda, di osservare i riti e di esercitare il culto in privato o in pubblico. Comprende inoltre il diritto di mutare religione o di non averne alcuna. Non possono essere disposte limitazioni alla libertà di coscienza e di religione diverse da quelle previste dagli articoli 19[8] e 20[9] della Costituzione.

Art. 3

Nessuno può essere discriminato o soggetto a restrizioni in ragione della propria religione o credenza, né essere obbligato a dichiarazioni specificamente relative alla propria appartenenza confessionale.

Art. 4

---

[8] Tutti hanno diritto di professare liberamente la propria fede religiosa in qualsiasi forma, individuale o associata, di farne propaganda e di esercitarne in privato o in pubblico il culto, purché non si tratti di riti contrari al buon costume.
[9] Il carattere ecclesiastico e il fine di religione o di culto d'una associazione od istituzione non possono essere causa di speciali limitazioni legislative, né di speciali gravami fiscali per la sua costituzione, capacità giuridica e ogni forma di attività.

1. I genitori hanno diritto di istruire ed educare i figli, anche se nati fuori del matrimonio, in coerenza con la propria fede religiosa, nel rispetto della loro personalità e senza pregiudizio della salute dei medesimi.
2. Fermo restando quanto disposto dall'articolo 316[10] del Codice Civile, i minori, a partire dal quattordicesimo anno di età, possono compiere autonomamente le scelte pertinenti all'esercizio del diritto di libertà religiosa; in caso di contrasto fra i genitori decide il giudice competente, tenendo conto dell'interesse primario del minore.

Art. 5

I diritti di riunione e di associazione previsti dagli articoli 17[11] e 18[12], primo comma, della Costituzione sono liberamente esercitati anche per finalità di religione o di culto.

Art. 6

1. La libertà religiosa comprende il diritto di aderire liberamente ad una confessione o associazione religiosa e di recedere da essa, nonché il diritto di partecipazione, senza ingerenza da parte dello Stato, alla vita e all'organizzazione della confessione religiosa di appartenenza in conformità alle sue regole.

---

[10] Il figlio è soggetto alla potestà dei genitori sino all'età maggiore o alla emancipazione. La potestà è esercitata di comune accordo da entrambi i genitori. In caso di contrasto su questioni di particolare importanza ciascuno dei genitori può ricorrere senza formalità al giudice indicando i provvedimenti che ritiene più idonei. Se sussiste un incombente pericolo di grave pregiudizio per il figlio, il padre può adottare i provvedimenti urgenti ed indifferibili. Il giudice, sentiti i genitori ed il figlio, se maggiore degli anni quattordici, suggerisce le determinazioni che ritiene più utili nell'interesse del figlio e dell'unità familiare. Se il contrasto permane il giudice attribuisce il potere di decisione a quello dei genitori che, nel singolo caso, ritiene il più idoneo a curare l'interesse del figlio.
[11] I cittadini hanno diritto di riunirsi pacificamente e senz'armi. Per le riunioni, anche in luogo aperto al pubblico, non è richiesto preavviso. Delle riunioni in luogo pubblico deve essere dato preavviso alle autorità, che possono vietarle soltanto per comprovati motivi di sicurezza o di incolumità pubblica.
[12] I cittadini hanno diritto di associarsi liberamente, senza autorizzazione, per fini che non sono vietati ai singoli dalla legge penale. Sono proibite le associazioni segrete e quelle che perseguono, anche indirettamente, scopi politici mediante organizzazioni di carattere militare.

2. Non possono essere posti in essere atti aventi lo scopo di discriminare, nuocere o recare molestia a coloro che hanno esercitato i diritti di cui al comma 1.

Art. 7

1. I cittadini hanno diritto di agire secondo i dettami imprescindibili della propria coscienza, nel rispetto dei diritti e dei doveri sanciti dalla Costituzione.
2. Le modalità per l'esercizio dell'obiezione di coscienza nei diversi settori sono disciplinate dalla legge.

Art. 8

1. L'appartenenza alle Forze armate, alla Polizia di Stato o ad altri servizi assimilati, la degenza in ospedali, case di cura e di assistenza, la permanenza negli istituti di prevenzione e pena non impediscono l'esercizio della libertà religiosa e l'adempimento delle pratiche di culto, l'adempimento delle prescrizioni religiose in materia alimentare e di quelle relative all'astensione dalle attività in determinati giorni o periodi previsti come festività dagli statuti delle confessioni e associazioni religiose di cui al capo II, purché non derivino nuovi o maggiori oneri per le pubbliche amministrazioni interessate.
2. I Ministri competenti, con regolamenti da adottare ai sensi dell'articolo 17, comma 3, della legge 23 agosto 1988, n. 400[13], definiscono le modalità di attuazione del comma 1 del presente articolo. Sugli schemi di regolamento è acquisito il parere delle competenti Commissioni parlamentari.
3. In caso di decesso in servizio dei soggetti di cui al comma 1, che appartengono a una confessione avente personalità giuridica, l'ente di appartenenza adotta le misure necessarie, di intesa con i familiari del defunto, per assicurare che le esequie siano celebrate da un ministro di culto della confessione di appartenenza.

---

[13] Con decreto ministeriale possono essere adottati regolamenti nelle materie di competenza del ministro o di autorità sottordinate al ministro, quando la legge espressamente conferisca tale potere. Tali regolamenti, per materie di competenza di più ministri, possono essere adottati con decreti interministeriali, ferma restando la necessità di apposita autorizzazione da parte della legge. I regolamenti ministeriali ed interministeriali non possono dettare norme contrarie a quelle dei regolamenti emanati dal Governo. Essi debbono essere comunicati al Presidente del Consiglio dei ministri prima della loro emanazione.

Art. 9

1. L'adempimento dei doveri essenziali del culto nel lavoro domestico, il divieto di licenziamento determinato da ragioni di fede religiosa nei luoghi di lavoro, il divieto di indagine sulle opinioni religiose e la nullità di patti o atti diretti a fini di discriminazione religiosa sono regolati dalle disposizioni vigenti in materia.
2. I contratti collettivi e individuali di lavoro contemplano l'esercizio della libertà religiosa, con riferimento alle sue varie espressioni, come indicate negli articoli 1, 2 e 3.
3. La macellazione rituale in conformità a prescrizioni religiose è regolata dalla normativa vigente in materia.

Art. 10

1. I ministri di culto di una confessione religiosa sono liberi di svolgere il loro ministero spirituale.
2. I ministri di culto di una confessione religiosa avente personalità giuridica, in possesso della cittadinanza italiana, che compiono atti rilevanti per l'ordinamento giuridico italiano, dimostrano la propria qualifica depositando presso l'ufficio competente per l'atto apposita certificazione rilasciata dalla confessione di appartenenza.
3. I ministri di culto di una confessione religiosa priva di personalità giuridica, ovvero di una confessione il cui ente esponenziale non abbia personalità giuridica, in possesso della cittadinanza italiana, possono compiere gli atti di cui al comma 2 se la loro nomina è stata approvata dal Ministro dell'interno.

Art. 11

1. Coloro che intendono celebrare il matrimonio davanti a un ministro di culto di una confessione religiosa avente personalità giuridica che ne abbia fatto esplicita richiesta al ministro competente devono specificarlo all'ufficiale dello stato civile all'atto della richiesta della pubblicazione prevista dall'articolo 93[14] del Codice Civile. Nella richiesta al ministro competente la confessione religiosa specifica, altresì, se preferisce che gli articoli del codice civile riguardanti il matrimonio siano letti durante il rito o al momento delle pubblicazioni. L'ufficiale dello stato civile, il quale

---

[14] La celebrazione del matrimonio dev'essere preceduta dalla pubblicazione fatta a cura dell'ufficiale dello stato civile.

ha proceduto alle pubblicazioni richieste dai nubendi, accerta che nulla si oppone alla celebrazione del matrimonio secondo le vigenti norme di legge e ne dà attestazione in un nulla osta che rilascia ai nubendi in duplice originale. Il nulla osta deve precisare che la celebrazione del matrimonio avrà luogo nel Comune indicato dai nubendi, che essa seguirà davanti al ministro di culto indicato o in caso di impedimento di questi davanti a un ministro di culto allo scopo delegato dai medesimi, che il ministro di culto ha comunicato la propria disponibilità e depositato la certificazione di cui all'articolo 10. Attesta inoltre che l'ufficiale dello stato civile ha spiegato ai nubendi i diritti e i doveri dei coniugi, dando ai medesimi lettura degli articoli del codice civile al riguardo.

2. Il ministro di culto, nel celebrare il matrimonio, osserva le disposizioni di cui agli articoli 107[15] e 108[16] del codice civile, omettendo la lettura degli articoli del Codice Civile riguardanti i diritti e i doveri dei coniugi qualora la confessione abbia optato per la lettura al momento delle pubblicazioni. Lo stesso ministro di culto redige subito dopo la celebrazione l'atto di matrimonio in duplice originale e allega il nulla osta rilasciato dall'ufficiale dello stato civile.

3. La trasmissione di un originale dell'atto di matrimonio per la trascrizione nei registri dello stato civile è fatta dal ministro di culto davanti al quale è avvenuta la celebrazione all'ufficiale dello stato civile di cui al comma 1. Il ministro di culto ha l'obbligo di effettuare la trasmissione dell'atto non oltre i cinque giorni dalla celebrazione e di darne contemporaneamente avviso ai contraenti. L'ufficiale dello stato civile, constatate la regolarità dell'atto e l'autenticità del nulla osta allegato, effettua la trascrizione entro le ventiquattro ore dal ricevimento dell'atto e ne dà notizia al ministro di culto.

4. Il matrimonio ha effetti civili dal momento della celebrazione anche se l'ufficiale dello stato civile che ha ricevuto l'atto ha omesso di effettuare la trascrizione nel termine prescritto.

---

[15] Nel giorno indicato dalle parti l'ufficiale dello stato civile, alla presenza di due testimoni, anche se parenti, dà lettura agli sposi degli articoli 143, 144 e 147; riceve da ciascuna delle parti personalmente, l'una dopo l'altra, la dichiarazione che esse si vogliono prendere rispettivamente in marito e in moglie, e di seguito dichiara che esse sono unite in matrimonio. L'atto di matrimonio deve essere compilato immediatamente dopo la celebrazione.

[16] La dichiarazione degli sposi di prendersi rispettivamente in marito e in moglie non può essere sottoposta né a termine né a condizione. Se le parti aggiungono un termine o una condizione, l'ufficiale dello stato civile non può procedere alla celebrazione del matrimonio. Se ciò nonostante il matrimonio è celebrato, il termine e la condizione si hanno per non apposti.

5. All'articolo 83[17] del Codice Civile le parole: "dei culti ammessi nello Stato", ovunque ricorrono, sono sostituite dalle seguenti: "delle confessioni religiose aventi personalità giuridica".
6. Il presente articolo non modifica né pregiudica le disposizioni che danno attuazione ad accordi o intese stipulati o da stipulare ai sensi dell'articolo 7, secondo comma, e dell'articolo 8, terzo comma, della Costituzione.

Art. 12

1. Nelle scuole pubbliche di ogni ordine e grado l'insegnamento è impartito nel rispetto della libertà di coscienza e della pari dignità senza distinzione di religione.
2. Su richiesta degli alunni e dei loro genitori le istituzioni scolastiche possono organizzare, nell'ambito delle attività di promozione culturale, sociale e civile previste dall'ordinamento scolastico, libere attività complementari relative al fenomeno religioso e alle sue applicazioni, in conformità ai criteri e con le modalità stabilite da tale ordinamento senza oneri aggiuntivi a carico delle pubbliche amministrazioni interessate.

Art. 13

Le affissioni e la distribuzione di pubblicazioni e di stampati relativi alla vita religiosa e le collette effettuate all'interno e all'ingresso dei rispettivi luoghi o edifici di culto avvengono liberamente.

Art. 14

Gli edifici aperti al culto pubblico delle confessioni religiose aventi personalità giuridica non possono essere occupati, requisiti, espropriati o demoliti se non per gravi ragioni, sentite le confessioni stesse o i loro enti esponenziali.

Capo II

Confessioni e associazioni religiose

Art. 15

---

[17] Il matrimonio celebrato davanti a ministri dei culti ammessi nello Stato è regolato dalle disposizioni del capo seguente, salvo quanto è stabilito nella legge speciale concernente tale matrimonio.

La libertà delle confessioni religiose garantita dalle norme costituzionali comprende, tra l'altro, il diritto di celebrare i propri riti, purché non siano contrari al buon costume; di aprire edifici destinati all'esercizio del culto; di diffondere e fare propaganda della propria fede religiosa e delle proprie credenze; di formare e nominare liberamente i ministri di culto; di emanare liberamente atti in materia spirituale; di fornire assistenza spirituale ai propri appartenenti; di comunicare e corrispondere liberamente con le proprie organizzazioni o con altre confessioni religiose; di promuovere la valorizzazione delle proprie espressioni culturali.

Art. 16

La confessione religiosa o l'ente esponenziale che la rappresenta può chiedere di essere riconosciuta come persona giuridica agli effetti civili. Il riconoscimento ha luogo con decreto del Presidente della Repubblica, su proposta del Ministro dell'Interno, udito il parere del Consiglio di Stato, ai sensi degli articoli 17 e 18.

Art. 17

1. La domanda di riconoscimento è presentata al Ministro dell'Interno unitamente allo statuto e alla documentazione di cui all'articolo 18.
2. La domanda di riconoscimento può essere presa in considerazione solo se la confessione o l'ente esponenziale ha sede in Italia e se è rappresentata, giuridicamente e di fatto, da un cittadino italiano avente domicilio in Italia.

Art. 18

Dallo statuto o dalla documentazione allegata alla domanda di riconoscimento devono risultare, oltre alla indicazione della denominazione e della sede, le norme di organizzazione, amministrazione e funzionamento e ogni elemento utile alla valutazione della stabilità e della base patrimoniale di cui dispone la confessione o l'ente esponenziale in relazione alle finalità perseguite. Il Consiglio di Stato, nel formulare il proprio parere anche sul carattere confessionale del richiedente, accerta, in particolare, che lo statuto non contrasti con l'ordinamento giuridico italiano e non contenga disposizioni contrarie ai diritti inviolabili dell'uomo.

Art. 19

La confessione religiosa o l'ente esponenziale che ha ottenuto la personalità giuridica deve iscriversi nel registro delle persone giuridiche. Nel registro devono risultare le norme di funzionamento e i poteri degli organi di rappresentanza della persona giuridica. La confessione o l'ente può concludere negozi giuridici solo previa iscrizione nel registro predetto.

Art. 20

1. Le modificazioni allo statuto della confessione religiosa o dell'ente esponenziale che abbiano ottenuto la personalità giuridica devono essere comunicate al Ministro dell'Interno.
2. In caso di mutamento che faccia perdere alla confessione o all'ente uno dei requisiti in base ai quali il riconoscimento è stato concesso, il riconoscimento della personalità giuridica è revocato con decreto del Presidente della Repubblica, su proposta del Ministro dell'Interno, udito il parere del Consiglio di Stato.

Art. 21

Per gli acquisti delle confessioni religiose o dei loro enti esponenziali che abbiano ottenuto la personalità giuridica si applicano le disposizioni delle leggi civili concernenti gli acquisti delle persone giuridiche.

Art. 22

1. Le disposizioni in tema di concessioni e locazioni di beni immobili demaniali e patrimoniali dello Stato e degli enti locali in favore di enti ecclesiastici, nonché in tema di disciplina urbanistica dei servizi religiosi, di utilizzo dei fondi per le opere di urbanizzazione secondaria o comunque di interventi per la costruzione, il ripristino, il restauro e la conservazione di edifici aperti all'esercizio pubblico del culto, si applicano alle confessioni religiose aventi personalità giuridica che abbiano una presenza organizzata nell'ambito del Comune di residenza. L'applicazione delle predette disposizioni ha luogo, tenuto conto delle esigenze religiose della popolazione, sulla base di intese tra le confessioni interessate e le autorità competenti.

2. Fermo il disposto dell'articolo 100[18] del regolamento di polizia mortuaria, di cui al decreto del Presidente della Repubblica 10 settembre 1990, n. 285, la sepoltura dei defunti è effettuata nel rispetto delle prescrizioni rituali della confessione o associazione religiosa di appartenenza avente personalità giuridica, compatibilmente con le norme di polizia mortuaria.
3. Gli edifici di culto costruiti con contributi regionali o comunali non possono essere sottratti alla loro destinazione se non sono decorsi venti anni dalla erogazione del contributo. L'atto da cui trae origine il vincolo, redatto nelle forme prescritte, è trascritto nei registri immobiliari. Gli atti e i negozi che comportano violazione del vincolo sono nulli.

Art. 23

Associazioni e fondazioni con finalità di religione o di culto possono ottenere il riconoscimento della personalità giuridica con le modalità ed i requisiti previsti dalla normativa vigente in materia. Alle stesse si applicano le norme relative alle persone giuridiche private, salvo quanto attiene alle attività di religione o di culto.

Art. 24

Agli effetti tributari le confessioni religiose aventi personalità giuridica o i loro enti esponenziali aventi fine di religione, credenza o culto, nonché le attività dirette a tali scopi, sono equiparati agli enti e alle attività aventi finalità di beneficenza o di istruzione. Le attività diverse da quelle di religione, credenza o culto da essi svolte restano soggette alle leggi dello Stato concernenti tali attività e al regime tributario previsto per le medesime.

Art. 25

Agli effetti civili, si considerano comunque:
a) attività di religione, credenza o culto quelle dirette all'esercizio del culto e dei riti, alla cura delle anime, alla formazione di ministri di culto, a

---

[18] 1. I piani regolatori cimiteriali di cui all'art. 54 possono prevedere reparti speciali e separati per la sepoltura di cadaveri di persone professanti un culto diverso da quello cattolico.
2. Alle comunità straniere, che fanno domanda di avere un reparto proprio per la sepoltura delle salme dei loro connazionali, può parimenti essere data dal sindaco in concessione un'area adeguata nel cimitero.

scopi missionari e di diffusione della propria fede e alla educazione religiosa;
b) attività diverse da quelle di religione, credenza o culto, quelle di assistenza e beneficenza, istruzione, educazione e cultura e, in ogni caso, le attività commerciali o a scopo di lucro.

Art. 26

Ai ministri di culto delle confessioni religiose che hanno ottenuto la personalità giuridica, che sono residenti in Italia, si applica l'articolo 42, comma 6, della legge 23 dicembre 1999, n. 488[19].

Capo III

Stipulazione di intese

Art. 27

Le confessioni religiose organizzate secondo propri statuti non contrastanti con l'ordinamento giuridico italiano, le quali chiedono che i loro rapporti con lo Stato siano regolati per legge sulla base di intese ai sensi dell'articolo 8[20] della Costituzione, presentano la relativa istanza, unitamente alla documentazione e agli elementi di cui all'articolo 18 della presente legge, al Presidente del Consiglio dei ministri.

Art. 28

Se la richiesta è presentata da una confessione religiosa non avente personalità giuridica, il Presidente del Consiglio dei ministri comunica la richiesta al Ministero dell'Interno affinché verifichi che lo statuto della

---

[19] A decorrere dal 1 gennaio 2000 l'iscrizione al Fondo di cui al comma 1 è estesa ai sacerdoti e ai ministri di culto non aventi cittadinanza italiana e presenti in Italia al servizio di diocesi italiane e delle Chiese o enti acattolici riconosciuti, nonché ai sacerdoti e ai ministri di culto aventi cittadinanza italiana, operanti all'estero al servizio di diocesi italiane e delle Chiese o enti acattolici riconosciuti.

[20] Tutte le confessioni religiose sono egualmente libere davanti alla legge. Le confessioni religiose diverse dalla cattolica hanno diritto di organizzarsi secondo i propri statuti, in quanto non contrastino con l'ordinamento giuridico italiano. I loro rapporti con lo Stato sono regolati per legge sulla base di intese con le relative rappresentanze.

confessione religiosa non contrasti con l'ordinamento giuridico italiano. A tale fine il Ministro dell'Interno acquisisce il parere del Consiglio di Stato ai sensi dell'articolo 18.

Art. 29

Il Presidente del Consiglio dei ministri, acquisite le necessarie valutazioni, prima di avviare le procedure di intesa, invita la confessione religiosa interessata a indicare chi, a tale fine, la rappresenta.

Art. 30

1. Ai fini della stipulazione dell'intesa, il Governo è rappresentato dal Presidente del Consiglio dei ministri, il quale delega un Sottosegretario di Stato alla Presidenza del Consiglio dei ministri, per la conduzione della trattativa con il rappresentante della confessione religiosa interessata, sulla base delle valutazioni espresse e delle proposte formulate dalla commissione di studio di cui all'articolo 31.
2. Il Sottosegretario di Stato, conclusa la trattativa, trasmette al Presidente del Consiglio dei ministri, con propria relazione, il progetto di intesa.

Art. 31

1. Con decreto del Presidente del Consiglio dei ministri è istituita, ai sensi dell'articolo 5, comma 2, lettera i), della legge 23 agosto 1988, n. 400[21], una commissione di studio con il compito di predisporre un progetto per le trattative ai fini della stipulazione dell'intesa.
2. La commissione di cui al comma 1 è composta dal direttore della Direzione centrale degli affari dei culti del Dipartimento per le libertà civili e l'immigrazione del Ministero dell'Interno e da funzionari delle amministrazioni interessate con qualifica non inferiore a dirigente generale o equiparato, nonché da altrettanti esperti, cittadini italiani, designati dalla confessione religiosa interessata. Il presidente della commissione è scelto tra le categorie indicate dall'articolo 29, comma 2, della legge 23 agosto 1988, n. 400[22].

---

[21] [Il Presidente del Consiglio dei ministri a nome del Governo] può disporre la costituzione di gruppi di studio e di lavoro composti in modo da assicurare la presenza di tutte le competenze dicasteriali interessate ed eventualmente di esperti anche non appartenenti alla pubblica amministrazione.

[22] Per tali attività si provvede con incarichi a tempo determinato da conferire a magistrati, docenti universitari, avvocati dello Stato, dirigenti e altri dipendenti

3. Dal funzionamento della commissione di cui al comma 1 non devono derivare nuovi o maggiori oneri per il bilancio dello Stato.

Art. 32

Il Presidente del Consiglio dei ministri sottopone il progetto di intesa alla deliberazione del Consiglio dei ministri, ai sensi dell'articolo 2, comma 3, lettera l), della legge 23 agosto 1988, n. 400, e informa, quindi, il Parlamento sui princìpi e sui contenuti del progetto stesso.

Art. 33

1. Il Presidente del Consiglio dei ministri, qualora si renda necessario in relazione alle osservazioni, ai rilievi e agli indirizzi emersi in seno al Consiglio dei ministri o in sede parlamentare, rimette il testo al Sottosegretario di Stato per le opportune modifiche al progetto di intesa.
2. Anche in ordine al nuovo progetto si procede ai sensi di quanto previsto dagli articoli 30 e 32.

Art. 34

Concluse le procedure per la stipulazione dell'intesa, il Presidente del Consiglio dei ministri firma l'intesa stessa con il rappresentante della confessione religiosa.

Art. 35

Il disegno di legge di approvazione dell'intesa che disciplina i rapporti della confessione religiosa con lo Stato è presentato al Parlamento con allegato il testo dell'intesa stessa.

Art. 36

Per l'applicazione di disposizioni di legge relative a specifiche materie che coinvolgono rapporti con lo Stato delle singole confessioni religiose aventi personalità giuridica, si provvede, ove previsto dalla legge stessa, con decreti del Presidente della Repubblica, previa intesa con la confessione che ne faccia richiesta.

---

delle amministrazioni dello Stato, degli Enti pubblici, anche economici, delle aziende a prevalente partecipazione pubblica o anche ad esperti estranei all'amministrazione dello Stato.

Capo IV

Disposizioni finali e transitorie

Art. 37

Le confessioni religiose e gli istituti di culto riconosciuti ai sensi della legge 24 giugno 1929, n. 1159, conservano la personalità giuridica. Ad essi si applicano le disposizioni della presente legge. Essi devono richiedere l'iscrizione nel registro delle persone giuridiche, ai sensi dell'articolo 19, entro due anni dalla data di entrata in vigore della presente legge.

Art. 38

I ministri di culto, la cui nomina è stata approvata ai sensi dell'articolo 3 della legge 24 giugno 1929, n. 1159[23], sino a quando mantengono la qualifica loro riconosciuta conservano il regime giuridico e previdenziale loro riservato dalla medesima legge, dal regio decreto 28 febbraio 1930, n. 289, e successive modificazioni, e da ogni altra disposizione che li riguardi.

Art. 39

Le confessioni religiose che sono persone giuridiche straniere restano regolate dall'articolo 16 delle disposizioni sulla legge in generale. Ove abbiano una presenza sociale organizzata in Italia e intendano essere riconosciute ai sensi della presente legge, esse devono presentare domanda di riconoscimento della personalità giuridica alle condizioni e secondo il procedimento previsti dalle disposizioni di cui al capo II.

Art. 40

1. Le norme della presente legge non modificano né pregiudicano le disposizioni che danno attuazione ad accordi o intese stipulati ai sensi del-

---

[23] Le nomine dei ministri dei culti diversi dalla religione dello Stato debbono essere notificate al Ministero dell'Interno per l'approvazione. Nessun effetto civile può essere riconosciuto agli atti del proprio ministero compiuti da tali ministri di culto, se la loro nomina non abbia ottenuto l'approvazione governativa.

l'articolo 7, secondo comma[24], e dell'articolo 8, terzo comma[25], della Costituzione.
2. La presente legge non modifica e non pregiudica le disposizioni di cui al decreto-legge 26 aprile 1993, n. 122, convertito, con modificazioni, dalla legge 25 giugno 1993, n. 205.

Art. 41

Sono abrogati la legge 24 giugno 1929, n. 1159, e il regio decreto 28 febbraio 1930, n. 289, e successive modificazioni.

---

[24] I loro [Stato e chiesa cattolica] rapporti sono regolati dai Patti Lateranensi. Le modificazioni dei Patti, accettate dalle due parti, non richiedono procedimento di revisione costituzionale.

[25] I loro [confessioni religiose] rapporti con lo Stato sono regolati per legge sulla base di intese con le relative rappresentanze.

Socialismo, Democrazia, Laicità e Religione

Premessa

Uno dei grandi meriti da riconoscere al principio della *coesistenza pacifica* è che dà tutto il tempo che si vuole per riflettere sulle proprie posizioni. Nella vita infatti si possono compiere molti errori, alcuni purtroppo fatali, ma il dramma più vero è quello di non volerli riconoscere. Quando non vogliamo ammettere l'evidenza è perché siamo influenzati, o meglio, ci lasciamo influenzare negativamente dalle circostanze: sicché diciamo e facciamo cose che in situazioni diverse non diremmo e non faremmo mai.

Probabilmente quando esistono situazioni favorevoli al socialismo e alla democrazia, diventa più facile ripensare i propri criteri interpretativi, i propri stili di vita. Bisogna però impegnarsi nel far sì che il cambiamento sia possibile nel momento stesso in cui si pongono le condizioni che lo rendono tale. Non c'è un prima da superare e un dopo da realizzare, ma un cammino da percorrere, qui ed ora.

Ateismo e religione: conflitto o pacifica convivenza?

Generalmente il cristianesimo si considera come una concezione del mondo contrapposta a quella del socialismo, assolutamente alternativa e incompatibile con i princìpi materialistico-dialettici del marxismo e del leninismo. Non foss'altro che per una ragione: il socialismo crede anzitutto nell'*uomo*, mentre il cristianesimo crede anzitutto in *Dio*.

Ora, è noto che questa tesi è condivisa dallo stesso marxismo. L'incompatibilità è a livello *ideologico* e quindi, in un certo senso, a tutti i livelli: un'intesa politica ci può essere (ad es. a favore della pace o dei diritti umani) non quando il comunismo si avvicina alla fede, ma quando il cristianesimo si avvicina alla ragione (e questo vale per tutte le religioni).

Tuttavia, un modo di procedere del genere sarebbe troppo schematico per essere vero. In effetti, se non esistesse alcuna possibilità di pacifica convivenza fra le due ideologie, non si spiega perché, quando i partiti comunisti vanno al governo, riconoscano il diritto alla religione, o per quale motivo ammettano un regime di separazione tra Chiesa e Stato. In teoria sarebbe assurdo che un governo tutelasse giuridicamente quanto gli è radicalmente ostile.

A ciò in genere i cattolici obiettano che se il comunismo tollera la Chiesa è per la forza morale di cui questa dispone, non per l'intrinseca democraticità di quello. Essi cioè considerano il comunismo come un fenomeno non solo antireligioso, ma anche antidemocratico. In sostanza, la presunta antidemocraticità non dipenderebbe, per questi cattolici, da motivazioni contingenti, praticamente risolvibili, ma dalla stessa *laicità* del comunismo, dal suo integrale *umanesimo*. È nota anche la contrapposizione che i cattolici pongono fra laicità e ideologia: il comunismo non sarebbe "laico" proprio perché "ideologico".

I fatti però vogliono che come in politica estera i partiti comunisti sostengano la tesi della coesistenza pacifica fra Stati a diverso ordinamento sociale, così in politica interna essi ammettono che sul piano della libertà di coscienza il cittadino possa essere ateo o credente.[26] Ciò significa, in altri termini, che nella società socialista la religione, ha il diritto, tutelato dalla Costituzione, di considerarsi come una concezione diversa o distinta rispetto a quella dominante.

Oltre a ciò si può aggiungere che uno Stato socialista, se è davvero democratico, non può impedire con la forza che una confessione religiosa lo contesti pubblicamente. Lo Stato deve limitarsi a chiedere ai cittadini di discutere democraticamente i loro problemi: l'unica cosa che non può permettere è che una religione pretenda di imporsi sulle altre, cioè pretenda dei privilegi inaccettabili sul piano democratico. Concetti come "Stato della Chiesa", "Chiesa di Stato", "Stato confessionale", "religione nazionale", "religione maggioritaria", ecc., sono storicamente superati. Se sopravvivono non è per la forza della religione, ma per la debolezza della laicità, per la sua incoerenza.

*

Se oggi uno Stato viola qualche principio religioso, gli si dovrebbe fare opposizione non tanto in nome della fede (i cui valori sovrannaturali nessuno Stato laico potrebbe riconoscere), quanto piuttosto in nome della *libertà di coscienza*: un principio che lo Stato è tenuto a rispettare, in quanto facente parte dei diritti umani fondamentali.[27] Un cittadino-cre-

---

[26] Si noti che nella nostra Costituzione non è neppure previsto che un cittadino possa essere ateo.

[27] Attenzione che l'*obiezione di coscienza* non ha lo stesso valore della *libertà di coscienza*. Nell'ambito delle istituzioni civili o statali non ci si può opporre a una legge del parlamento sulla base di una convinzione religiosa. Se lo Stato permettesse una cosa del genere, la laicità perderebbe la sua ragion d'essere. Lo Stato può soltanto evitare che un cittadino compia qualcosa contro la propria coscien-

dente che volesse opporsi allo Stato, dovrebbe quindi farlo non in quanto "credente", ma proprio in quanto "cittadino". Oggi, in una qualunque società che si dice democratica, sarebbe assurdo disquisire sul valore dei dogmi religiosi, cioè opporre a un'idea religiosa un'altra idea religiosa. La fede cristiana ha avuto duemila anni di tempo per costruire una società democratica e non vi è riuscita: è solo con se stessa che deve prendersela. Stesso discorso - ovviamente in rapporto a tempi storici differenti - vale per tutte le altre religioni.

La particolarità del rapporto socialista fra Stato e Chiesa si esprime nell'impossibilità, da parte di quest'ultima, di fare della propria diversa ideologia un motivo per contestare politicamente quella dominante, cioè quella accettata dalla maggioranza della popolazione. Gli eventuali abusi che può compiere lo Stato vanno superati in modo *laico*, evitando strumentalizzazioni o atteggiamenti pretestuosi in nome della fede religiosa. La diversità quindi fra ateismo e religione, tutelata giuridicamente, non può e non deve mai trasformarsi in un conflitto ideologico o politico, tanto meno se viene sostenuto dai governi in carica o da confessioni religiose che ambiscono a politicizzarsi.

Ufficialmente o formalmente, per tutti i cittadini di uno Stato socialista dovrebbe esistere una sola ideologia, quella appunto socialista[28], poiché è questa che, impostasi per motivi storici, detiene il potere politico. Di fatto però molti cittadini, privatamente, possono avere anche un'altra ideologia, quella appunto religiosa, che, attraverso il culto, può essere manifestata anche pubblicamente.

Paradossalmente si viene a creare in un paese socialista una situazione tale per cui un cittadino può essere, a seconda dei casi e dei momenti, ateo o credente. Ci sono dei casi in cui l'ateismo è per così dire obbligatorio, come un *modus vivendi* acquisito per via indotta, cioè per via del regime di separazione tra Stato e Chiesa, anche se non è ovviamente obbligatorio professare l'ateismo esplicitamente, in quanto non si deve coartare la coscienza di nessuno né fare discriminazione per motivi religiosi. Si è dunque per così dire atei o, se si preferisce, laici nell'ambito delle istituzioni statali, nei pubblici uffici, nella scuola ecc.; e naturalmente ci sono dei casi in cui il cittadino può manifestare un comportamento religioso, nell'ambito che gli è proprio, secondo una precisa regolamentazione giuridica, senza che lo Stato abbia alcun diritto d'interferire.

---

za, ma non può non intervenire quando un cittadino, per far valere la propria libertà di coscienza, viola quella altrui o altri diritti fondamentali.

[28] D'altra parte in uno Stato capitalista esiste una sola ideologia dominante, cui tutti devono formalmente attenersi, quella *liberista*.

Qui, a dir il vero, ci sono molti cattolici che sostengono che è la stessa regolamentazione giuridica a costituire un'ingerenza indebita nell'attività della Chiesa. Tuttavia lo Stato non interviene sull'attività del credente in quanto credente ma solo in quanto cittadino. La regolamentazione della libertà di coscienza non può ovviamente riguardare la coscienza, ma soltanto *l'espressione della libertà*, che va riconosciuta a tutti nella stessa misura.

È fuor di dubbio che, posta in questi termini, la condizione della religione subisce un mutamento significativo rispetto ai tempi delle formazioni sociali antagonistiche (schiavismo, servaggio, capitalismo). In particolare essa viene a perdere tutto il suo potere politico e tutti i suoi privilegi di casta. D'altra parte la religione per millenni non è riuscita a risolvere nessuno dei grandi problemi dell'umanità; anzi, essa ha sempre fatto da supporto alle mire espansionistiche dello Stato politico di appartenenza.

In definitiva, più che essere un fenomeno antireligioso, il socialismo, nell'ambito dello Stato, è un fenomeno *areligioso*: esso cioè non perseguita le diverse confessioni religiose, ma vive secondo un'etica sociale completamente separata da qualsiasi riferimento alla religione, proprio perché deve far coesistere, in un medesimo territorio, una molteplicità di religioni. L'*anti* negativo subentra soltanto in quei casi in cui la religione vuole riportare indietro la storia, cioè vuole politicizzarsi o sostituirsi alla scienza, pretendendo così di porsi in alternativa all'ideologia laica dominante, accettata dalla stragrande maggioranza dei cittadini, e di riportare indietro la storia. Il socialismo spera che la religione si estingua in virtù del processo di maturazione delle masse popolari e lascia ch'esse si confrontino liberamente a livello sociale e culturale.

È stata la storia a decidere che l'imposizione politica, attraverso organismi istituzionali, di una determinata confessione religiosa, non ha più ragione di esistere. Peraltro, là dove esiste una Chiesa di stato, non si permette alle concezioni religiose diverse da quella dominante, di poter avere una rilevanza pubblica, sociologicamente significativa, o di poter esercitare un'opposizione politica. Non si capisce perché il socialismo, che garantisce a tutti i cittadini una libertà di coscienza e che considera tutte le religioni uguali di fronte allo Stato, aventi la facoltà di manifestare pubblicamente il proprio culto e le proprie convinzioni, debba essere considerato antidemocratico.

Cristiano e/o socialista?

Dire che chi vuole essere un "cristiano coerente" non può essere un "comunista coerente", significa dare al cristianesimo una valenza e un contenuto politici.

Il cristianesimo petro-paolino non nacque per opporsi allo Stato romano, ma per convivere pacificamente al suo interno. L'unica cosa che non riconosceva era la divinizzazione dell'imperatore, ch'era un modo, da parte dello Stato, d'imporre una propria ideologia a tutti i cittadini. Ufficialmente il cristianesimo divenne una religione di Stato soltanto sotto l'imperatore Teodosio. E da allora ha sempre preteso di esserlo, almeno sino a quando sono scoppiate le rivoluzioni borghesi. Le quali, avendo affermato una concezione *laica* della vita, hanno imposto al cristianesimo di tornare ad essere quello che era prima di Teodosio: una semplice scommessa sull'incapacità umana di costruire una vera democrazia.

Tuttavia la storia ha dimostrato che, ogniqualvolta le società laiche, borghesi o proletarie che siano, falliscono i loro obiettivi politici, è facile che ne approfittino le varie concezioni religiose presenti in tutto il mondo (p.es. in Iran l'ha fatto l'islam sciita di Khomeini dopo la fine della shah Reza Pahlavi; in Afghanistan andarono al potere i talebani dopo la crisi del governo di Najibullah; in Egitto ci provarono i Fratelli Musulmani dopo la fine del governo di Mubarak. Nel mondo di lingua araba l'islam sembra essere diventato il linguaggio delle opposizioni politiche ai regimi filo-occidentali).

Lenin si rendeva conto di quanto fossero inconciliabili i princìpi del comunismo con quelli del cristianesimo; pur tuttavia si preoccupava di precisare che non era giusto impedire a un credente di iscriversi al partito comunista per un fine rivoluzionario, in quanto la suddetta inconciliabilità andava considerata come una "questione personale" del credente, ch'egli, col tempo, spontaneamente e liberamente, avrebbe dovuto risolvere. "Un'organizzazione politica - scriveva nel 1909[29] - non può sottoporre i suoi scritti a un esame sull'assenza di contrasti tra le loro opinioni e il programma del partito". E ancora: "noi siamo assolutamente contrari a ledere in qualsiasi forma i convincimenti religiosi dei credenti; tuttavia noi li reclutiamo per educarli secondo lo spirito del nostro programma".

Detto altrimenti, la libertà di opinione era certamente ammessa all'interno del partito bolscevico, ma "entro i limiti precisi fissati dalla libertà di associazione". Se dunque la religione è un "affare privato" del cittadino di fronte allo Stato o per un credente che milita in un partito comunista, non può esserlo per il comunista che deve lottare "contro l'oppio del popolo, le superstizioni religiose, ecc.". Una "lotta" che in Italia non è

---

[29] Proprio nello stesso anno nasceva invece il fondamentalismo protestantico nordamericano, che si opponeva all'esegesi laica della Bibbia e che poi, col nome di *Christian Right*, appoggerà sempre il partito repubblicano.

mai avvenuta in quanto il togliattismo voleva impedire che si sconfinasse nell'anticlericalismo.

Ora, è chiaro che se un credente non è disposto, in quanto comunista, a lottare contro il clericalismo e la superstizione, né quindi a privatizzare la propria scelta religiosa, ben difficilmente potrà continuare a svolgere un'azione politica all'interno di un partito del genere. La sua stessa Confessione religiosa gli farà capire, con la minaccia della scomunica, che un qualunque catto-comunismo è un controsenso. In effetti, il cristianesimo integralistico, volendo assumere il principio marxista della *prassi* in funzione anticomunista, si pone inevitabilmente in antagonismo con la realtà del socialismo e farà di tutto per abbattere i governi in carica: o in maniera diretta, mobilitando il clero, o indiretta, servendo dei politici laici.

Sappiamo tutti che il liberismo e il socialismo sono nati in Europa in conseguenza del fallimento del cristianesimo sul piano sociale. Già la filosofia borghese aveva dimostrato quanto fosse invivibile la teologia cristiana. È sufficiente questo per sostenere che al cristianesimo non può essere data, dopo duemila anni di storia, una nuova possibilità per imporsi come "religione di stato". Sarebbe un processo del tutto antistorico tornare a una situazione precedente alla formazione e allo sviluppo della *laicità*, quanto meno nell'ambito del capitalismo e del socialismo. Peraltro oggi la presenza dei flussi migratori a livello mondiale obbliga i cittadini ad appartenere a Stati pluriconfessionali.

Essendo considerato dagli integralisti[30] un "cristianesimo senza Dio", il socialismo è destinato a inverarsi nel suo contrario, in una forma di antiumanesimo, non riguardante solo gli aspetti etici e politici, ma anche quelli socio-economici. Di qui la rivalsa politica del suddetto cristianesimo, il quale appunto presume di svilupparsi sugli insuccessi del processo di socialistizzazione avviato a partire dalla rivoluzione d'Ottobre e che già presentava delle significative anticipazioni nella Comune di Parigi e in tutto il socialismo utopistico. Questa pretesa politicizzazione della fede la si è vista chiaramente in Polonia al tempo del sindacato Solidarność e durante il pontificato di Woytjla.

Il cattolicesimo polacco di matrice integristica cercò di porsi come compito quello di sostituirsi (ovviamente con l'appoggio delle forze reazionarie del capitalismo mondiale) a un socialismo statale ritenuto fallimentare. E, a tal fine, esso mirava a costituirsi come una società "dal volto umano" (negli interessi, nel linguaggio, negli scopi finali), una società che, nonostante la sua marcata religiosità, si sforzava di aprirsi a

---

[30] Si pensi solo a tutta la filosofia politica di Augusto Del Noce e di Rocco Buttiglione.

tutte le istanze di autentica umanità. Poi si è visto com'è andata a finire. Non esiste una "terza via religiosa" tra capitalismo e socialismo. Il cattolicesimo sociale non è in grado di garantire una vera democratizzazione del capitalismo. Come non sono in grado di farlo i fondamentalisti islamici andati al potere (o che hanno tentato di farlo) in varie parti del mondo, a partire dalla fine degli anni Settanta. L'unica alternativa possibile a un socialismo autoritario o burocratico è un socialismo *democratico*.

I cattolici integralisti della Polonia avevano pensato di poter recuperare lo spirito originario del cristianesimo primitivo, ed erano addirittura arrivati a ringraziare il socialismo statale del loro paese di aver "depurato" la spiritualità cristiana, obbligandola a una rigorosa separazione dalle questioni del potere politico, dai compromessi con le classi aristocratiche e borghesi. E si erano altresì illusi di poter recuperare la "dimensione eroica" che il cristianesimo aveva avuto al tempo delle persecuzioni romane, e di poter costruire con quell'eroismo una nuova società.

Oggi di questa illusione non esiste più nulla. Si è rinunciato al socialismo statale per affermare il capitalismo privato. Al massimo si sponsorizza un capitalismo monopolistico statale. Tutte le contrapposizioni ideologiche tra cristianesimo e socialismo sono servite soltanto per favorire un sistema sociale che del cristianesimo non sa che farsene o che lo usa soltanto in funzione anticomunista. Lo stesso cristianesimo moderno, col fatto di preferire, in ogni caso, il peggior capitalismo al miglior socialismo, ha perduto ogni residua credibilità. Sotto questo aspetto il cattolicesimo integralistico non è molto diverso dal sionismo religioso-nazionalistico, che appoggia tutti i governi di destra d'Israele, o dai buddisti radicali che nello Sri Lanka, non sopportando la minoranza islamica, chiedono che la nazione adotti il buddismo come religione di stato.

Contraddizioni soggettive e oggettive

Il cristianesimo integralistico è convinto che il marxismo divida la società in borghesi e proletari come se fossero due categorie etiche: il male e il bene. Lo dice come se questa caratteristica non sia stata invece un patrimonio culturale tipico del cristianesimo, cattolico o protestante che sia. Quante volte, proprio in nome della separazione tra eretici e ortodossi, tra cristiani e pagani, tra credenti e non credenti o tra cristiani e infedeli non sono stati compiuti grandi atti d'intolleranza politica e ideologica?

Ci sono due cose che del marxismo questo tipo di cristianesimo non ha capito o non vuole capire. La prima è che nella separazione di borghesi e proletari il socialismo non pretende tanto di dare un giudizio sul comportamento "soggettivo" di tali classi o degli individui ad esse appartenenti, quanto piuttosto sul ruolo "oggettivo" ch'esse ricoprono nell'ambito della società capitalistica. E, oggettivamente parlando, cioè a prescindere dalle intenzioni meramente soggettive che può avere, la borghesia si trova in una posizione socialmente ed economicamente antidemocratica, essendo materialmente detentrice, in via esclusiva, dei mezzi di produzione. Il che la rende, al di là di qualunque considerazione in merito, fautrice di oppressione materiale e spirituale.

La seconda cosa è che il marxismo non considera il proletariato come una classe in sé perfetta, esente da errori. È vero anzi il contrario: se dalla rivoluzione industriale ad oggi la borghesia monopolistica ha potuto continuare a svolgere, in Europa occidentale, la sua oppressione morale e materiale, ciò è unicamente dipeso dalla debolezza del proletariato e dei suoi dirigenti. Infatti, se il proletariato è oggettivamente la classe oppressa (a prescindere dalle intenzioni umanitarie che la borghesia può avere), lo stesso proletariato può soggettivamente sbagliare, indipendentemente dalla sua condizione di oppressione o di emancipazione dallo sfruttamento.

La verità dei fatti non è una cosa autoevidente, né è possibile acquisirla una volta per tutte; non è indipendente dalla libertà di scelta, dalla volontà personale di riconoscerla. Gli stessi credenti dovrebbero sapere che non è una grazia che concede il Padreterno a sua completa discrezione.

Ecco, in tal senso, non è affatto vero che il marxismo divida la società in "buoni e cattivi". Tuttavia, una cosa è dire che il proletariato può sbagliare e che, per tale ragione non ha il diritto di emanciparsi totalmente dalla borghesia; un'altra è dire che gli errori soggettivi non intaccano la tesi che la rivoluzione è necessaria.

Filosofia del lavoro o Weltanschauung?

Un'altra tesi inaccettabile nelle riflessioni del cristianesimo integralista è quella che considera il marxismo come una semplice, ancorché significativa, "filosofia del lavoro". Tale modo di vedere le cose è alquanto riduttivo. Parlare di "filosofia del lavoro" è come parlare di "metafisica del lavoro" o, nel migliore dei casi, di "sociologia del lavoro".

Lo sfruttamento del lavoro è sì il problema centrale del pensiero marxista, ma solo fino a quando il partito non ha conquistato il potere e i mezzi di produzione non sono stati socializzati. A partire da quel momento lo sfruttamento perde la sua caratteristica oggettiva dominante. Determinati abusi e corruzioni potranno anche permanere o riprodursi nel periodo della transizione verso il socialismo democratico e autogestito, ma non per questo si renderà necessaria una nuova rivoluzione politica. Le rivoluzioni politiche, sempre molto dolorose, hanno senso solo in presenza di un antagonismo irriducibile di classe: quando questo antagonismo sarà definitivamente risolto, non ci sarà più né alcuna rivoluzione né alcuna politica.

Rebus sic stantibus, è impossibile ridurre il marxismo a una mera "filosofia del lavoro". Esso in realtà è una vera e propria *Weltanschauung*, cioè un'ideologia integrale e totalizzante, concernente non solo gli aspetti materiali della produzione, ma anche quelli soggettivi della morale personale: è un'ideologia in fase di continua evoluzione e arricchimento creativo, conformemente ai princìpi essenziali elaborati dai suoi fondatori. Il materialismo storico-dialettico è più di un semplice strumento per l'emancipazione delle masse, è una *concezione di vita*. Non si può ridurre il marxismo a un economicismo, senza riconoscergli anche il suo valore etico e filosofico specifico.

Il cristianesimo integralistico fa questo ragionamento sbagliato: siccome il marxismo parla solo di "materia" e non anche di "spirito", non può affrontare il problema dello sfruttamento meglio del cristianesimo. La realtà, ancora una volta, è un'altra. Il grande contributo del marxismo sta anche nell'aver saputo rivalutare "spiritualmente" la materia, nell'averle conferito "dignità ontologica", dopo secoli e secoli di degradazione morale cui l'avevano costretta lo spiritualismo platonico e quello cristiano (come d'altra parte lo stesso Nietzsche aveva detto, pur essendo lontanissimo dal socialismo).

Il marxismo è l'erede legittimo di tutte le concezioni antiidealistiche e antimetafisiche della materia. E in ogni caso lo sfruttamento economico non lo si può risolvere in chiave etica. La separazione tra capitale e lavoro è basata su una contrapposizione oggettiva, su una forma irriducibile di antagonismo sociale, e chi non capisce questo, si pone, oggettivamente, dalla parte degli sfruttatori, anche quando dice di voler compiere un'opera di mediazione.

Sfruttamento economico e morale

Forse la critica più severa che il cristianesimo integralista ha potuto muovere al socialismo statale, ha riguardato lo sfruttamento del plusvalore. Tuttavia è stata una critica che tale cristianesimo ha mutuato completamente dalla socialdemocrazia borghese, e non riguardava, ovviamente, le questioni etiche vere e proprie, anche se tale cristianesimo l'ha sfruttata dicendo che nel socialismo statale esiste un'appropriazione indebita del plusvalore da parte dello Stato, in quanto l'ideologia socialista, essendo per definizione atea, non ha dei veri presupposti morali ed è quindi portata a vedere l'uomo come un semplice strumento economico. La critica in sostanza consiste in questo: nell'ambito del socialismo è lo Stato che si appropria del plusvalore dei lavoratori, per cui esso svolge le funzioni del capitalista classico. Quindi il socialismo statale non sarebbe altro che un capitalismo senza capitalisti.

In questa argomentazione due cose vanno preliminarmente contestate: anzitutto in un sistema economico socialista non può esistere un plusvalore di tipo capitalistico, né privato né statale, quindi è improprio parlare di "sfruttamento economico" (il plusvalore - si sa - è lavoro non pagato); in secondo luogo, essendo stata abolita la proprietà privata dei mezzi produttivi e garantita la distribuzione dei beni prodotti secondo il lavoro e tendenzialmente secondo il bisogno, in teoria non dovrebbe esistere uno Stato contrapposto al popolo lavoratore.

Non si può insomma parlare di "sfruttamento" quando non esiste né rendita fondiaria né profitto capitalistico, quando il lavoro è garantito di fatto a tutti i cittadini, quando con i "fondi sociali di consumo" lo Stato copre i tre quarti delle esigenze dei lavoratori, quando i prezzi sono controllati e tutto o quasi tutto è razionalmente pianificato. Non si può paragonare l'attività regolamentatrice dello Stato socialista con l'esigenza del capitalismo di ottenere il massimo profitto dai propri investimenti, a prezzo di uno sfruttamento disumano dei lavoratori.

Se il cosiddetto "socialismo reale" fosse stato una sorta di "capitalismo di stato", avrebbe tollerato un qualsivoglia uso della proprietà privata, come appunto avviene nei paesi ove esiste un capitalismo monopolistico di stato.[31] Invece è fallito proprio perché non permetteva l'evoluzione verso un *socialismo autogestito e cooperativistico*, in cui il ruolo dello Stato, fatta salva la proprietà *sociale* dei mezzi produttivi, si riduce in maniera progressiva.

Il fatto è che il cristianesimo integralistico vuole porre un irriducibile contrasto fra lo Stato socialista e i cittadini lavoratori. P.es. una delle sue affermazioni ricorrenti è la seguente: il salario della stragrande maggioranza degli operai è sufficiente soltanto a soddisfare i bisogni elementari. Sembra non si voglia sapere quanto sia difficile per un operaio di media categoria vivere in un sistema capitalistico, ovvero di quali incertezze e di quanta precarietà sia costituita la vita quotidiana in Occidente.

---

[31] In Cina il governo interviene sull'uso della terra, che è rimasta statale, solo in ultima istanza, quando sono in gioco degli interessi statali: per il resto viene concessa ad uso privato, dietro il pagamento di un affitto.

La filosofia di vita di tale cristianesimo porta in sostanza ad accettare l'idea che sia sempre meglio avere una ricca aristocrazia operaia all'interno di un proletariato affamato, piuttosto che una classe operaia complessivamente garantita a un livello accettabile di sussistenza.

Certamente con questo non si vuol dire che in un paese socialista non sia possibile realizzare un benessere generalizzato. Si vuol soltanto dire che questo benessere non può essere raggiunto senza tener conto dello stato reale delle forze produttive e dei rapporti di produzione. Le forze complessive di tutti i lavoratori dovrebbero procedere, affinché si realizzi un progresso equilibrato, in maniera regolare e uniforme.

Il cristianesimo integralistico dovrebbe in realtà porsi altre domande. P. es. questa: se il socialismo statale dei paesi est-europei avesse potuto beneficiare dello sfruttamento neocoloniale del terzo mondo, sarebbe crollato lo stesso? Detto altrimenti: che cosa succederebbe al capitalismo se non potesse più beneficiare di tale sfruttamento? E per quale ragione in Occidente i poteri dominanti non amano far sapere all'opinione pubblica da dove proviene tutto il benessere economico dei loro paesi?

Con questo naturalmente non si vuole sostenere che il socialismo statale non avesse bisogno d'essere riformato in profondità. Di sicuro però l'introduzione del capitalismo di stato o addirittura privato non può costituire la soluzione ai problemi riscontrati. Il socialismo statale aveva il difetto di essere amministrato esclusivamente dall'alto, cioè dagli organi istituzionali dello Stato, per cui tendeva a disincentivare la produttività, ovvero a burocratizzare le decisioni e il modo di applicarle. Si faceva coincidere la proprietà *sociale* con la proprietà *statale*, senza porre in essere il progressivo smantellamento dello Stato e la valorizzazione delle autonomie locali.

Uno Stato burocratico o un socialismo da caserma non ha fiducia nei propri cittadini, diventa per forza di cose "paternalistico", cioè autoritario e ideologico. L'alternativa a uno Stato del genere era una società che progressivamente si *autogestisce*, che sviluppa la *cooperazione multilaterale*, che si *autofinanzia*, gestendo in proprio i redditi da lavoro, insomma che decide autonomamente cosa produrre e come ripartire i risultati del proprio lavoro, affrontando i problemi del calcolo economico. Con la *perestrojka* di Gorbaciov si era iniziato a procedere in questa direzione, ma poi gli eventi ne presero una del tutto opposta. I cittadini, ad un certo punto, pensarono soltanto a distruggere l'autoritarismo, senza essere capaci di sostituirlo con una vera *democrazia sociale*.

L'esempio del padrone e del servo

Sono note a tutti le riflessioni filosofiche di Hegel sul rapporto sociale fra "padrone e servo". A modo di vedere dell'idealista tedesco la contraddizione esistente fra queste due categorie sociali può essere risolta solo a condizione che il servo non la voglia assolutizzare. Ossia, come per il padrone la contraddizione del rapporto ha un carattere relativo, in quanto egli sa bene che il suo status sociale dipende dal lavoro del servo, così anche quest'ultimo deve maturare, pur nel rapporto di dipendenza oggettiva, la consapevolezza di una libertà interiore. In caso contrario la mediazione, che è poi una sorta di "pacifica convivenza", sarebbe impossibile.

Hegel voleva forse fare l'apologia dello schiavismo o del servaggio? In un certo sì, e in un altro no. Per lui il rapporto padrone / servo non andava considerato storicamente ma in maniera *naturale*: ciò significa che se il servo si ribella al padrone, diventerà, a sua volta, inevitabilmente, un padrone di altri servi, e così all'infinito, proprio perché qui si ha a che fare con dei processi *naturali*, che vanno al di là dell'evoluzione storica. Infatti la mediazione, in tal caso, è possibile solo se il suddetto rapporto viene riconosciuto come un dato di fatto imprescindibile della vita di ogni essere umano, di qualunque epoca storica, come un aspetto non contraddittorio in maniera assoluta.

Per Hegel la contraddizione, quella vera, non sta tanto nel rapporto in sé tra padrone e servo, quanto piuttosto nella coscienza soggettiva che avverte quel rapporto in maniera alienante. La soluzione (ed è una soluzione che deve ricercare soprattutto il servo, poiché, in un certo senso, egli si deve trasformare in una sorta di "filosofo stoico") sta nel considerare la schiavitù o il servaggio non come un fatto estrinseco alla persona, cioè oggettivo, ma come un fatto *intrinseco*, cioè eminentemente *soggettivo*. Siamo tutti schiavi di qualcosa o di qualcuno. Sotto questo aspetto neppure il padrone può considerarsi libero. Anzi, considerando che il servo è in grado di acquisire la propria libertà interiore in virtù del fatto che il suo lavoro gli offre una dignità personale, il padrone, che vive senza lavorare, è ancora più schiavo.

La schiavitù, in sostanza, non è qualcosa di "economico" ma di "morale", come ad es. l'incapacità di essere se stessi o di accettare la propria condizione naturale o sociale. Ovviamente il padrone, secondo Hegel, dovrà far di tutto perché il servo si senta favorevolmente indotto ad accettare la propria condizione. La libertà, per l'idealismo, è qualcosa che appartiene allo "spirito" o al pensiero dell'uomo, ed è qualcosa che l'uomo può raggiungere a prescindere da qualsiasi circostanza a lui esterna, da qualsiasi impedimento naturale o sociale. Come si può facilmente notare, l'idealismo hegeliano non faceva che tradurre in chiave filosofica dei concetti chiaramente teologici, restando nell'ambito del cristianesimo.

Quanto questa concezione di vita sia pericolosa e reazionaria è evidente, soprattutto al giorno d'oggi. Praticamente Hegel, circoscrivendo nella sfera privata della coscienza il problema dell'emancipazione umana (che a quel tempo andava risolto conformemente alla volontà dello Stato confessionale prussiano), giustificava, sul piano pubblico, quell'ordine di cose che impediva all'uomo di emanciparsi anche sul piano sociale. Col pretesto che l'essere umano è tendenzialmente incline al male, egli in sostanza permetteva al più forte di prevalere sul più debole e impediva a quest'ultimo di reagire. Col principio che la libertà interiore può essere vissuta adeguatamente in qualsiasi situazione sociale ed economica, egli in definitiva legittimava quelle situazioni in cui lo sviluppo delle libertà sociali è sfavorito più che altrove. Hegel ragionava in maniera aristocratica e, per questa ragione, è considerato un filosofo conservatore, pur in contrasto con la sua avanzata dialettica degli opposti.

L'odierno cristianesimo integralistico fa lo stesso ragionamento, con la differenza che lo dirige contro il socialismo, cioè praticamente considera la soggettività del proletariato alla stessa stregua di quella della borghesia, arrivando tranquillamente a dire che il proletariato tende a prendere il posto dei capitalisti, per cui la rivoluzione comunista, come ogni altra rivoluzione, è inutile: sarebbe una rivoluzione delle "forme", non della "sostanza". Questo perché l'uomo non ha alcuna possibilità di tornare alla situazione precedente al cosiddetto "peccato originale".

Ma allora perché - ci chiediamo - questi cattolici integralisti, così rassegnati sulle capacità umane di liberazione, vogliono ribellarsi allo stato di cose creato dal socialismo? Quali garanzie offrono che dalla loro rivoluzione cristiana non nascerà un nuovo "padrone"? O forse tutta la loro insofferenza nei confronti del socialismo dipende dal fatto che, per realizzare la propria rivoluzione, i comunisti non hanno chiesto la loro autorizzazione?

È possibile compiere una rivoluzione in nome del cristianesimo? Non poche volte, nell'ambito di questa confessione, si sono usati i vangeli per criticare le ricchezze dei poteri dominanti (ivi inclusi quelli ecclesiastici), ma la reazione è sempre stata quella di una dura repressione. Il cristianesimo al potere non ama essere messo in discussione da nessun'altra forza politica. Se di una cosa il socialismo statale meritava d'essere criticato, era proprio quella d'essersi comportato come il cristianesimo istituzionalizzato del periodo medievale.

La politicità della fede e il fondamentalismo monoteistico

La limitata concezione ideologica del cristianesimo integralistico dipende dall'aver assunto un punto di vista obiettivamente errato: quello di non voler considerare il socialismo superiore al capitalismo sul piano dei *diritti sociali*.

Il capitalismo è il trionfo dell'individualismo, è nato contrapponendosi alle esigenze delle comunità di villaggio, e ha vinto la sua partita contro il feudalesimo proprio perché sembrava garantire maggiore libertà e benessere.

Ma il capitalismo garantisce il benessere soltanto a chi è proprietario di capitali, o comunque a chi, per ottenerli, non ha scrupoli morali. Anche quando si parla di "capitalismo statale", non si mette mai in discussione il principio della proprietà privata dei mezzi produttivi, e quindi il diritto di sfruttare il lavoro altrui. Generalmente le istituzioni servono al capitale perché questo possa riprodursi più facilmente. Non riconoscere queste cose significa porsi fuori della storia, cioè mettersi esplicitamente dalla parte del capitale, anche se sul piano etico si predica la "condivisione del bisogno" o l'amore universale.

Pertanto, quando il socialismo dice che la religione deve restare una faccenda privata della persona, lo dice proprio in relazione al fatto che nessuna religione ha in sé degli elementi che possono permettere di superare i limiti fondamentali del capitalismo. Non foss'altro che per una ragione: o le religioni rimandano alla fine dei tempi la liberazione integrale dell'uomo o racchiudono quest'ultima in una dimensione individuale o di piccole comunità isolate, che non partecipano alla vita urbana. Quando le religioni pretendono di istituzionalizzarsi, diventando delle "Chiese statali o nazionali", inevitabilmente restano soggette, al giorno d'oggi, alle dinamiche internazionali del capitalismo (basta vedere, p.es., l'ebraismo in Israele o l'islam nei Paesi del Medio oriente o il cattolicesimo in Polonia o nei Paesi le cui lingue provengono dal latino). Perché tale istituzionalizzazione sia scongiurata, occorre uno Stato autenticamente *laico* e *democratico*, cosa che è possibile solo nel socialismo, poiché qui si pongono le basi per il superamento dello stesso Stato.

*

Di tutte le religioni quelle che meno sopportano d'essere relegate nell'ambito della coscienza o del culto sono ovviamente quelle monoteistiche. Chi crede in un unico Dio, che esclude l'esistenza di altri Dèi, è inevitabilmente intollerante.

Va detto tuttavia che le religioni monoteistiche pretendevano, al loro sorgere, di superare quelle politeistiche proprio nell'atteggiamento che queste avevano nei confronti delle istituzioni di potere: un atteggiamento rassegnato, che accettava supinamente le differenze di ceto e di classe, nonché l'immoralità dei ceti dominanti e il culto per l'imperatore.

Le religioni politeistiche erano politicamente disimpegnate, prone ai voleri degli Stati, prive di una dimensione universalistica. Viceversa, quelle monoteistiche pretendevano, almeno ai loro esordi o nelle loro intenzioni, di costruire delle nuove società, basate su valori più umani e democratici.

Il fatto però che tutte le religioni monoteistiche abbiano fallito i loro obiettivi, la dice lunga sul valore della religione in sé. È stato proprio il capitalismo a far capire all'umanità che una religione vale l'altra, ovvero che nessuna fede è in grado di opporsi alla rendita dei proprietari terrieri, alle esigenze del profitto, alla continua espansione del capitale, alle necessità dei mercati, allo sviluppo dell'industrializzazione e dell'urbanizzazione, alla finanziarizzazione dei mercati, e così via.

Il socialismo non ha fatto altro che ereditare la convinzione secondo cui la religione ha senso nella misura in cui resta un affare *privato* della coscienza. Per tale ragione esso ha preferito rivolgere la sua critica al capitalismo, prendendo in esame le questioni socio-economiche. Qualunque religione pretenda oggi di dare alla fede una valenza politica, fa sempre, in qualche modo, gli interessi del capitale, anche quando presume di porsi come "terza via" tra capitalismo e socialismo.

Con questo naturalmente non si vuol sostenere che la fede non abbia diritto a professarsi pubblicamente o che la religione non debba avere una propria "dottrina sociale" o che non debba esistere una "educazione o istruzione religiosa". Si vuol semplicemente dire che le istituzioni debbono essere *laiche*, cioè non devono "parteggiare" per nessuna religione, né possono permettere che per motivi religiosi venga minacciato l'ordine pubblico o messa in discussione la validità di leggi promulgate da un parlamento regolarmente eletto. Alla violazione di un diritto si risponde con un altro diritto.

Può un esponente del clero partecipare alla vita politica? Sì, ma dovrebbe farlo in quanto *cittadino laico*. Se pretende di farlo sostenendo la propria religione contro altre religioni o contro l'idea stessa di laicità, apparirà sicuramente, agli occhi di un laico, come un fanatico, uno che rischia di minacciare l'ordine pubblico, o persino di incitare all'odio o alla violenza. In ogni caso anche se vi partecipasse in una maniera così aggressiva, lo Stato dovrebbe assicurare a tutte le confessioni religiose un trattamento equipollente, a prescindere dalla loro rilevanza pubblica o sociologica. Tutte dovrebbero avere il medesimo diritto di parola, nelle medesime forme.[32]

D'altra parte lo Stato non può negare dei pubblici dibattiti in cui una confessione religiosa dichiari d'essere migliore di altre confessioni. I cittadini van lasciati liberi di decidere. L'unica cosa che lo Stato può fare è di impedire che una determinata confessione risulti privilegiata rispetto ad altre, ovvero ch'essa sfrutti la propria rilevanza sociale o nazionale, dovuta a motivazioni storiche, in un'occasione di discriminazione per le minoranze religiose.

Per il resto dovrebbero essere gli stessi credenti a capire, autonomamente, che il pieno rispetto della libertà di religione viene garantito quando si tutela la *libertà di coscienza*. Non si può impedire a un credente di fare proselitismo o di organizzare eventi per diffondere la propria fede, ma non gli si può permettere di utilizzare le istituzioni statali, che appartengono a tutti, per favorire la propria religione.

Ecco perché, p.es., una qualunque scuola privata non può essere finanziata con denaro pubblico. Se lo Stato decidesse, per ragioni contingenti (p.es. la scarsità di mezzi finanziari), di sostenere materialmente tutte le scuole private dei credenti (che ovviamente resterebbero di tendenza, cioè ideologiche), dovrebbe farlo con le tasse dei relativi cittadini credenti, anche se esse verrebbero sottratte, in tale maniera, all'edificazione di opere pubbliche comuni alla collettività. Questa però è una situazione anomala, che col tempo va superata.

Se le Chiese vanno tenute separate dallo Stato, per impedire privilegi di qualsivoglia natura, lo Stato deve necessariamente garantire un'educazione e un'istruzione improntata al *laicismo*, lasciando ovviamente alle Chiese il diritto di agire, in forma privata, secondo criteri propri, soggetti ad autofinanziamento. Lo Stato, da parte sua, deve garantire tutti i servizi pubblici, tra cui quello relativo all'educazione ai valori civili e all'istruzione. Non ha alcun senso che i servizi garantiti da una confessione religiosa vengano finanziati con le tasse dei cittadini aderenti ad altre confessioni o del tutto privi di riferimenti confessionali.

Etica e politica fra religione e ateismo

Da quando s'è imposto il capitalismo, le Chiese, se proprio vogliono continuare a dare un contenuto politico alla loro fede, possono farlo solo in maniera *indiretta*, cioè in chiave *etica*, opponendosi ai princìpi e ai valori professati dagli Stati laici. Le stesse Chiese tendono a dire di non voler fare politica direttamente, per quanto non abbiano scrupoli a

---

[32] Cosa che in Italia è la stessa Costituzione, con l'art. 7, a impedirlo. La differenza tra "Concordato" con una religione e "Intese" con tutte le altre è abissale.

servirsi, attraverso canali privati, dell'appoggio di fidati parlamentari.

P.es. uno Stato può essere favorevole a una legislazione che permetta di divorziare o di abortire, mentre una Chiesa è contraria. Può lo Stato impedire alla Chiesa di esprimere una propria opinione su un argomento di natura etica? No, non può. Se lo facesse, creerebbe una situazione pericolosa per l'ordine pubblico. Lo Stato deve soltanto garantire che, quando sono in gioco argomenti così "sensibili", i cittadini possono e anzi debbono confrontarsi liberamente, lasciando che la decisione ultima in materia venga presa dal parlamento, che si presume regolarmente eletto.

La domanda però che, a questo punto, inevitabilmente si pone è la seguente, che qui vogliamo formulare in varie maniere: posto che una legge sia contraria ai princìpi di un credente, si può accettare che questi non la applichi? Può un credente, in nome della propria fede, impedire che un altro credente o non credente possa esercitare i diritti riconosciuti dallo Stato? Può un credente, quando esercita come cittadino una funzione pubblica nell'ambito delle istituzioni statali, appellarsi all'obiezione di coscienza e non applicare una determinata legge? Più in particolare, può un medico cattolico rifiutarsi di praticare l'aborto o di prescrivere al paziente degli anticoncezionali? O un sindaco credente rifiutarsi di sposare una coppia omosessuale? O un carceriere contrario alla pena di morte rifiutarsi di eseguirla? Sono tante le situazioni in cui si verifica una contraddizione inconciliabile tra la legge e la propria coscienza. Ai tempi di Don Milani si parlava di obiezione di coscienza nei confronti del servizio militare: oggi tale problema è stato risolto rendendo il servizio del tutto facoltativo. Ma la soluzione migliore sarebbe stata un'altra: fare in modo che tutti i cittadini, di tanto in tanto, vengano esercitati a difendere il loro territorio locale.

La libertà di coscienza è una delle cose più preziose che lo Stato deve tutelare, ma non può farlo violando la volontà della maggioranza dei cittadini che, attraverso i propri rappresentanti parlamentari, liberamente eletti, si è espressa in una determinata direzione. A volte accade che, per non sentirsi costretto a prendere provvedimenti, obbligando gli obiettori di coscienza a cambiare mestiere, lo Stato, sul piano amministrativo, concede delle deroghe, cioè fa delle eccezioni. Ma in questi casi deve comunque appurare che il diritto, sancito per legge, non venga violato, onde evitare una qualsivoglia minaccia all'ordine pubblico o un inaccettabile disservizio.

Lo Stato non può permettersi il lusso d'essere denunciato perché non ha applicato o fatto applicare una legge votata in parlamento. L'unica scappatoia a una situazione così anomala è quella di responsabilizzare i propri funzionari affinché controllino che, nonostante la possibilità dell'obiezione di coscienza, la legge viene comunque rispettata. In altre parole, se p.es. un medico rifiuta di praticare un aborto, deve comunque esserci, *in tempo reale*, un altro medico in grado di sostituirlo. È responsabilità del dirigente assicurare tale alternativa, e dovrebbe pagare di persona nel caso in cui essa non si verifichi puntualmente. Se si accetta l'idea che la volontà della minoranza prevalga su quella della maggioranza, la democrazia è impossibile. Si possono tollerare le eccezioni, ma non a scapito della regola.

Laicità e democrazia

Vi sono al mondo delle nazioni in cui etica e religione coincidono, o quasi. Vi sono paesi in cui in parlamento siedono dei deputati appartenenti al clero. Addirittura in alcuni paesi il governo e i ministri sono gestiti da membri del clero. È ovvio che in situazioni del genere la *laicità* è ancora un diritto da conquistare, e non potrà certo esserlo con la forza.

La laicità può diventare un valore significativo, destinato a durare nel tempo, solo usando la *democrazia*. Ed è usandola che la società civile e quindi lo Stato possono mettere le confessioni religiose in condizioni di dimostrare la propria antidemocraticità.

Di per sé la religione non può essere considerata più antidemocratica dell'etica laica, ma lo diventa subito se non accetta l'idea che, sulle questioni religiose, la si può pensare diversamente. Non si dovrebbe esser mai perseguiti per le proprie opinioni di coscienza. La libertà di pensiero e di parola dovrebbe essere riconosciuta in tutte le Costituzioni del mondo.

È ovvio che un determinato partito politico o una confessione religiosa non possono tollerare forme di dissenso interno che ne minaccino la stabilità. È possibile discutere quanto si vuole su taluni argomenti, ma poi vanno prese delle decisioni e, se si vuole che la democrazia continui a funzionare, occorre che la minoranza si adegui alla volontà della maggioranza (salvo che si ritorni sullo stesso argomento in un momento successivo, con nuove idee da discutere). Con questo non si vuole affermare che la "verità" sta sempre nella maggioranza, ma semplicemente che non si può "discutere" all'infinito, meno che mai quando si hanno delle decisioni politiche da prendere. Solo il tempo potrà dire se la decisione presa era stata giusta o sbagliata.

Ciò che un partito politico o una confessione religiosa non può impedire è che esistano altri partiti o altre confessioni aventi gli stessi diritti di parola e di associazione. Anche un governo in carica deve accettare l'idea ch'esista un'opposizione intenzionata a criticarlo. Questo è l'abc della democrazia.

Semmai è importante stabilire quale *peso* dare alle varie opposizioni al governo in carica. È evidente, infatti, che un'opposizione al 40% non può avere lo stesso peso di una che è al 4%. Il diritto di parola va concesso in misura proporzionale al numero dei cittadini che lo rivendicano. Tutti hanno il diritto di parlare, ma soprattutto quelli che sono rappresentati da *forze sociali* significative. I governi devono sempre porre le condizioni affinché le minoranze possano diventare maggioranze rispettando i princìpi della democrazia

Stato e Chiese possono coesistere pacificamente?

Il diritto che lo Stato concede al cittadino credente di professare pubblicamente la propria fede è implicito nel diritto a poter esercitare pubblicamente il proprio *culto*. Se tutti i culti fossero vietati, lo sarebbe anche la fede. Quindi fede e culto, in un certo senso, coincidono. È infatti il culto che distingue un credente da un altro o da un non credente. E ogni culto, in uno Stato laico e democratico, è ovviamente pubblico. Tant'è che là dove talune sette religiose esercitano il proprio culto solo privatamente, lo fanno perché temono i dettami della legge o l'opinione pubblica, a meno che ovviamente lo Stato non professi ufficialmente il proprio ateismo, come accadeva nell'Albania di Enver Hoxha, il quale aveva posto fuorilegge tutte le religioni.

È ovvio che se non esistesse uno Stato laico, una confessione religiosa potrebbe non accontentarsi di manifestare la propria fede solo attraverso il culto. Potrebbe pretendere insegnanti religiosi, funzionari religiosi, giudici religiosi e così via. Vi sono religioni, soprattutto quelle monoteistiche, che pretendono di conformare tutta la vita sociale, culturale e politica ai propri valori. Dicono di volerlo fare proprio perché esigono una stretta coerenza fra la teoria e la pratica (di qui p.es. la cosiddetta "Dottrina sociale della Chiesa"). In sostanza non accettano l'idea che un credente si comporti come un *semplice cittadino* di fronte allo Stato, poiché ritengono che tale atteggiamento dualistico sia una forma di sdoppiamento della personalità, un venir meno ai propri obiettivi.

Si comportano così perché rifiutano l'idea che l'etica abbia dei valori equivalenti a quelli della religione. Per tali Confessioni integralistiche un'etica non influenzata dalla religione è semplicemente priva di moralità e quindi tendenzialmente disumana. Non a caso si avvalgono del detto di Dostoevskij: "Se Dio non esiste, all'uomo tutto è concesso".

È dunque impossibile per uno Stato laico avvalersi dell'appoggio delle Confessioni integralistiche. Esse faranno sempre in modo da porre le condizioni perché il governo in carica venga sostituito da uno favorevole al clericalismo politico.

Il fondamentalismo religioso, infatti, non è pericoloso soltanto quando difende la superstizione contro la scienza, ma anche quando presume di dare un contenuto direttamente politico alla propria fede. Che uno Stato laico non sia tenuto a fare distinzione tra religione e superstizione è pacifico. È tenuto però a fare distinzione tra una Confessione che, in nome della propria fede, vuole smentire le acquisizioni della scienza, e una Confessione che si limita a sostenere idee soprannaturali nell'ambito delle proprie convinzioni. Ancor più deve fare distinzione tra una Chiesa che ritiene possibile la democrazia compiuta solo nell'aldilà, e una Chiesa che vuol fare di questa idea un motivo per rovesciare un governo in carica legittimamente costituito.

Con questo non si vuole negare che, in teoria, anche lo Stato laico può rischiare di finire nella superstizione o nel dogmatismo: si pensi soltanto a quando vuole imporre alla società civile l'idea che il mercato sia fonte di libertà o che la scienza è in grado di risolvere qualunque problema o che la democrazia parlamentare va esportata in tutto il mondo o che il diritto occidentale è l'unico in grado di garantire dei valori umani universali. Sono tutti dogmi privi di alcun fondamento, regolarmente smentiti dalla storia: sono le principali fonti di tutte le nostre illusioni.[33]

Qui si vuole semplicemente sostenere che i difetti di una democrazia laica vanno superati rendendo ancora più democratica la laicità. È compito degli Stati laici dimostrare alle Confessioni religiose che sono in grado di correggere da soli i propri errori e che, in ogni caso, sanno accettare le critiche costruttive provenienti anche dagli ambienti ecclesiastici.

I cittadini, credenti o non credenti che siano, devono saper trovare in loro stessi le ragioni per superare i limiti di quelle democrazie che sono tali solo all'apparenza. La stessa definizione di "Stato laico" è indubbiamente destinata a essere inglobata in quella di "società democratica", in quanto una società davvero democratica non ha bisogno di uno Stato che garantisca la laicità delle leggi. Se uno Stato avesse la pretesa di garantire la laicità e la democrazia a prescindere dalla società civile,

---

[33] A proposito di "illusioni", non sono forse gli Stati capitalistici che alimentano la convinzione di poter vivere al di sopra delle proprie effettive risorse? Di poter pagare qualunque cosa se il costo viene rateizzato? O che si può sempre vincere in una lotteria milionaria per superare la propria precarietà? Dogmi e superstizioni possono riguardare tranquillamente tanto le religioni quanto il laicismo.

ebbene, proprio in quel momento le starebbe violando.

Quand'è che uno Stato è davvero laico e democratico?

Bisogna sempre fare molta attenzione al significato delle parole. "Stato laico" non vuol dire "Stato ateo". Per capire la differenza prendiamo in esame una questione religiosa.

Noi possiamo facilmente constatare che oggi tutte le Confessioni monoteistiche dicono di voler fare politica solo *indirettamente*, dedicandosi agli aspetti sociali (assistenzialismo, volontariato, ecc.) e culturali (educazione, istruzione, editoria, ecc.). Molte poi si servono, in forme private o ufficiose, della collaborazione di taluni politici eletti in parlamento. Nessuna Chiesa oggi vuole sentirsi protagonista attiva sul piano politico, salvo quelle che sul proprio territorio hanno imposto una sorta di monarchia teocratica.[34]

Ebbene, anche gli Stati laici svolgono, di fatto, un'operazione di tipo "ateistico" in maniera *indiretta*, servendosi appunto della loro *laicità*. Se lo Stato fosse esplicitamente ateo dovrebbe impedire sia il culto che la fede. Uno Stato laico invece permette entrambe le cose.

Laicità vuol dire "indifferenza" nei confronti delle religioni, nel senso che lo Stato non parteggia per nessuna in particolare, ma le considera tutte uguali. È questo un atteggiamento ateistico? Indirettamente sì (o, se si preferisce, è di tipo agnostico), ma è un atteggiamento che ha il vantaggio di non violare la libertà di coscienza di nessuno.

Gli Stati non lottano contro le religioni *in sé*, ma possono farlo contro quegli atteggiamenti che, in nome della fede, negano credibilità alla scienza e un valore effettivo alla laicità e all'etica democratica. Semmai si oppongono con decisione a tutte le forme di clericalismo politico. Ma non per questo sono tenuti a sostenere una "democrazia atea".

L'ateismo può essere un patrimonio culturale di un partito politico, che lo usa per contestare il valore delle religioni, ma non può essere una convinzione imposta con la forza della legge. Ateismo o agnosticismo non possono essere trasformati in una nuova religione, se si vuole

---

[34] Ufficialmente le monarchie teocratiche risultano essere oggi quella vaticana e quella del Monte Athos in Grecia, ma in Iran la repubblica è ierocratica, gestita dal clero islamico; e in Arabia Saudita i non musulmani non possono ottenere la cittadinanza saudita e la pratica religiosa privata non è definita legalmente; nel Regno Unito non può esserci un sovrano che non sia di religione anglicana; in Norvegia fino al 1° gennaio 2017 il luteranesimo era la religione di stato; in Israele il Gran Rabbinato è in grado di legiferare autonomamente su molte materie etico-religiose, senza che lo Stato possa dire alcunché.

salvaguardare il significato della laicità.

Il cittadino deve esser lasciato libero di credere in quel che vuole, anche perché, nel caso in cui alcuni valori religiosi vengono violati dallo Stato, egli ha il diritto di protestare. E, di fronte allo Stato (che assicura, nei suoi diritti fondamentali, quello alla *libertà di coscienza*), lo farà in quanto *cittadino*, non avendo bisogno di farlo in quanto credente in una specifica Confessione.

In ultima istanza, ovviamente, ogni cittadino è tenuto a conformarsi alla volontà della maggioranza. In una qualunque società o comunità il valore della maggioranza è decisivo per garantire il rispetto della legge. Il che ovviamente non significa che, nell'ambito della democrazia, una minoranza non possa diventare maggioranza. Non ha senso ipostatizzare delle posizioni politiche o ideologiche.

Certo, uno Stato laico, mettendo tutte le religioni sullo stesso piano, può far credere ch'esse siano soltanto una sopravvivenza del passato, una forma di oscurantismo; e, per questa ragione, può cercare di ostacolarle (anche solo sul piano amministrativo) in vari modi. L'abbiamo visto durante le rivoluzioni borghesi e proletarie: il fatto d'avere storicamente ragione offriva il pretesto per compiere cose umanamente riprovevoli o politicamente inaccettabili. Ricordiamo tutti quando Gorbaciov diceva che se è giusto tenere separata la Chiesa dallo Stato, è insensato pensare di poterla tenere separata anche dalla società civile.

Compito dello Stato è quello di stare molto attento a non porre le condizioni che possono indurre i cittadini a disobbedire alle sue leggi, anche perché, quando avviene un meccanismo del genere, ogni occasione diventa facilmente un pretesto per rincarare la critica al sistema. Alla fine tra cittadini e istituzioni non ci si comprende più, e prima o poi i cittadini vincono: se passa l'idea che qualcuno è ingiustamente perseguitato, inevitabilmente il consenso tende ad allargarsi.

Lo Stato governa la società civile, ma questa deve essere messa in grado di non aver bisogno di alcuno Stato per *autogovernarsi*. Lo Stato non dovrebbe mai esercitare il potere *contro* la società civile. Semplicemente dovrebbe essere considerato uno strumento che la maggioranza dei cittadini si dà per far rispettare le leggi. Tuttavia, nella misura in cui la società è davvero in grado di rispettarle, avendole acquisite per abitudine, nella consapevolezza della loro necessità, lo Stato diventa inutile.

Quando si dice che lo Stato è uno strumento che si dà la maggioranza dei cittadini per far rispettare a tutti determinate leggi, bisognerebbe anche aggiungere che se lo Stato non usa la persuasione ragionata, il confronto dialettico, il rispetto dei diritti umani, prima o poi, agli occhi della pubblica opinione, la suddetta maggioranza diventa "minoranza", sicché all'ordine del giorno torna di nuovo il problema di come abbattere le istituzioni.

In tal senso lo Stato non deve temere che una Confessione religiosa, attraverso il proselitismo, aumenti il proprio consenso. È un diritto del cittadino non solo credere in ciò che vuole, ma anche pubblicizzare le proprie idee ed espandere la cerchia degli aderenti alla propria fede. Lo Stato deve semplicemente educare i cittadini alla tolleranza, al rispetto delle idee altrui, a credere nel pluralismo.

È vero che lo Stato è un ente astratto ed è quindi impossibile che il proprio compito educativo escluda a priori l'uso della forza. Lo Stato non può educare soltanto attraverso l'esempio etico dei propri funzionari. In ultima istanza si riserva sempre il privilegio esclusivo di poter usare la forza contro una popolazione disarmata o non adeguatamente attrezzata e preparata per affrontare i suoi corpi di polizia, le sue forze armate. Tuttavia la storia è piena di esempi in cui l'uso della forza non ha fatto altro che produrre una reazione contraria, spesso di intensità assai maggiore, che puntualmente ha trovato impreparati ad affrontarla i governi al potere.

Il più grande limite dello Stato è che per assicurare l'ordine pubblico usa degli organi repressivi separati dalla popolazione. Ecco perché i cittadini devono imparare a difendere da soli i propri diritti, cioè a educarsi reciprocamente, prendendo spunto dagli esempi concreti di persone reali, che vivono un'esistenza comune, del tutto normale. L'etica viene garantita, nella sua democraticità, soltanto quando i cittadini si sentono uniti liberamente.

Uno Stato è davvero laico e democratico quando si fida dei propri cittadini e non assume atteggiamenti paternalistici, anche perché, quando si possiedono le leve del potere, è facile passare dal paternalismo alla dittatura.

Può esistere una internazionalizzazione della fede?

Le Confessioni religiose non solo hanno diritto a fare proselitismo a livello nazionale, ma possono anche svolgere un'attività internazionale a favore della pace e dei diritti umani, con o senza l'aiuto dei loro rispettivi Stati.

Tali Confessioni sono organismi che i cittadini possono darsi per affrontare meglio i problemi della vita, propria e altrui. Gli Stati laici non hanno il diritto e tanto meno il dovere di sindacare sull'efficacia degli strumenti religiosi, a meno che con essi non vengano palesemente violate delle disposizioni di legge. Se una Chiesa è a favore della tutela ambientale, che è un valore riconosciuto a livello internazionale, ha tutto il diritto di dirlo e persino di contestare gli Stati che non lo rispettano o non lo fanno rispettare. Se una Chiesa, sul piano pratico, dimostra d'essere più coerente dello Stato nell'applicare i princìpi o le leggi che appartengono alla democrazia, sarà compito dello Stato modificare il proprio atteggiamento.

Noi non possiamo sapere a priori quali sono tutti i modi in cui l'obiettivo della democrazia può essere realizzato. Sappiamo soltanto che la forza dovrebbe essere esercitata dopo aver provato inutilmente tutte le altre modalità. Ma è a tutti evidente che forza e democrazia non possono, alla lunga, stare insieme. Quando i cittadini usano la forza per compiere le rivoluzioni politiche, non possono pensare di continuare a usarla *ad libitum*, dopo averle compiute. È vero che una rivoluzione che non si sa difendere, non vale nulla, ma l'obiettivo finale non è quello di stare sempre sulla difensiva.

Le istituzioni non possono diventare paranoiche e vedere nemici in ogni dove, anche perché in una situazione del genere è molto facile accusare qualcuno ingiustamente. L'abbiamo eloquentemente visto nelle dittature staliniana e maoista. Quando uno Stato si sente debole e non ha fiducia nei propri cittadini, non vede l'ora di dimostrare con esempi eclatanti (p.es. dei processi giudiziari) chi è che comanda. Può anche arrivare a compiere atti di terrorismo, scaricando la colpa su nemici completamente inventati. Si badi che, per far questo, non è obbligatorio essere degli Stati "socialisti".

Se al mondo esistesse un minimo di democrazia, noi dovremmo vedere gli Stati chiedere alle Confessioni religiose di esprimersi chiaramente a livello internazionale quando i diritti umani o civili vengono minacciati o violati. La democrazia non è forse un bene per tutti, credenti e non credenti?

Probabilmente se le Chiese non avvertissero se stesse in competizione tra loro; se fossero abituate a confrontarsi liberamente e francamente e non si limitassero a difendere gli interessi nazionali o "di parte", potrebbero svolgere un ruolo più produttivo nel mondo. Dovrebbero smetterla di sentirsi in colpa per aver assunto nel passato una posizione favorevole ai poteri dominanti; anche perché gli stessi Stati hanno svolto il ruolo di difendere gli interessi dei potentati economici. Gli Stati esistono da circa 500 anni, un periodo che, guarda caso, coincide con quello in cui si è sviluppato il capitalismo moderno.

Teoricamente gli Stati sono a favore del diritto internazionale, ma praticamente difendono gli interessi del capitale, sia esso nazionale o globale. In tal senso le Confessioni religiose potrebbero dimostrare, se solo lo volessero, maggiore coerenza; soprattutto dovrebbero essere capaci di andare oltre i retaggi del passato, che le condizionano negativamente. P. es. chi appartiene alla Confessione islamica difficilmente emetterebbe dei comunicati congiunti con chi appartiene alla Confessione cristiana, poiché gli sembrerebbe di fare un favore al passato colonialismo occidentale.

Eppure vi sono argomenti trasversali a tutte le religioni, come p.es. il diritto alla vita, alla pace, al lavoro, a un ambiente naturale, il rispetto delle minoranze e delle categorie sociali più deboli, ecc. Che senso ha che le Confessioni religiose vogliano espandersi a livello internazionale, e poi si comportino come se fossero degli organi vincolati a esigenze nazionali? O come se dovessero difendere degli schieramenti geopolitici (occidente contro oriente, nord contro sud, Euro-America contro Asia, ecc.)?

Poiché il Medioevo è finito da un pezzo, le Confessioni religiose non hanno il diritto di sostituirsi agli Stati. Né, per essere meglio accettate in un mondo sempre più laico, devono sentirsi in obbligo di rinunciare alla loro specifica identità religiosa. Semplicemente esse hanno il dovere di compiere una *pressione morale* là dove i valori laici e democratici non vengono concretamente rispettati. Sarà poi la storia a decidere se per un credente è preferibile la religione o l'ateismo.

Stati e Chiese nazionali

Oggi è ancora molto facile vedere come gli Stati difendano a spada tratta gli interessi delle loro Chiese nazionali, accettate dalla maggioranza dei cittadini; spesso lo fanno contro gli interessi delle Confessioni minoritarie o addirittura contro quelle Confessioni straniere che nel mondo si pongono in maniera concorrenziale rispetto alle loro Chiese nazionali. Non è poi infrequente che gli Stati laici si servano delle Chiese presenti nei loro territori in maniera ostile nei confronti di altri Stati.

Le Chiese si prestano facilmente a tali strumentalizzazioni. Anzi, si può con certezza dire che le Chiese nazionali sono ben contente di poter fruire di una protezione o di un privilegio statale che le metta al riparo dalla concorrenza sul piano religioso. In questa maniera le Chiese minoritarie vengono semplicemente "tollerate" dalle istituzioni, ma devono stare sempre molto attente a come si comportano, alle parole che dicono: soprattutto devono evitare di fare "proselitismo", o comunque limitarsi a farlo in maniera molto privata. Le Chiese nazionali o maggioritarie possono pretendere d'essere inserite nel "diritto pubblico"; le altre devono accontentarsi di appartenere al "diritto privato".

Ora, il fatto che là dove esiste una larga tutela statale, le Chiese maggioritarie la accettino ben volentieri, è la riprova che i valori religiosi non sono migliori di quelli laici. In genere si ha come l'impressione che le Chiese non abbiano alcuna fiducia nel loro futuro. Il confronto con le rivoluzioni borghesi e proletarie le ha come disarmate. Avvertono di poter sopravvivere solo perché esistono ancora degli Stati che, ignorando il senso della laicità, le proteggono in varie maniere.

L'unica identità o personalità che possono far valere è quella *giuridica*. Sul piano propriamente *etico* non hanno da dire qualcosa di diverso dai loro Stati di appartenenza. Non riescono neppure a chiedere a tali Stati di essere apertamente democratici e pluralisti. Preferiscono sentirsi privilegiate. Si comportano come le Chiese pagane nei regimi schiavistici. Non sono neppure in grado di trovare tra loro delle strategie comuni per indurre tutti gli organismi internazionali a essere più coerenti nell'applicare i princìpi laici che professano.

Le Chiese hanno una visione internazionale delle cose soltanto quando ognuna di loro può espandersi geograficamente a spese delle altre. Il loro principale obiettivo è quello di svolgere una sorta di "governo nazionale indiretto" e, per potersi diffondere all'estero, non hanno scrupoli a servirsi del potere o dei servizi dei loro rispettivi Stati nazionali, i quali naturalmente non mancheranno di chieder loro qualcosa in cambio. Se una missione religiosa fa del bene a una comunità locale del Terzo Mondo, sul piano scolastico o sanitario, non è forse più facile alle aziende che appartengono al medesimo Stato di quella missione sfruttare economicamente quella comunità o lo Stato in cui essa vive?

Quando gli Stati politici si comportano in maniera antidemocratica, le confessioni religiose possono anche sponsorizzare delle rivoluzioni politiche vere e proprie. Possono addirittura passare da un governo "indiretto" a uno effettivo vero e proprio. L'esempio dell'Iran è quello più eclatante: vedere gli imam che gestiscono un'intera nazione, a noi occidentali fa abbastanza impressione. A dir il vero però, in tutto il mondo islamico, dopo la caduta di alcuni leader governativi filo-occidentali, il fondamentalismo religioso ha voluto assumere una funzione direttamente politica, e senza farsi tanti scrupoli dall'usare mezzi terroristici.

In una situazione del genere i valori religiosi non hanno alcuno spessore etico. D'altra parte chi nutre atteggiamenti integralistici difficilmente sopporta che la propria fede religiosa resti priva di una veste politica ben definita. E purtroppo questa fede riesce anche ad avere la meglio sull'etica laica, quando la politicità che tale etica esprime, viene esercitata in forme autoritarie, corrotte, antidemocratiche.

Una volta giunta al potere, l'etica laica deve dimostrare quotidianamente d'essere superiore ai valori e all'esperienza religiosa, altrimenti un'insurrezione sarà sempre possibile. E un'insurrezione fatta in nome di valori religiosi facilmente oggi si trasforma in un'aberrazione. Nella storia il tempo non passa invano.

Etica e religione: quale futuro?

Sembra, ma è solo un'apparenza, che la religione sia più antica dell'etica, cioè abbia un'esistenza di più lunga durata.

L'autonomia dell'etica, la sua indipendenza dalla religione, è andata di pari passo col distacco della filosofia dalla mitologia, al tempo dei Greci. Anche nel corso del basso Medioevo la riscoperta dell'aristotelismo ha contribuito non poco a separare la metafisica dalla teologia.

Tuttavia si sono dovute aspettare le rivoluzioni borghesi e proletarie prima di avere una significativa affermazione dell'*etica laica*. La borghesia ha avuto il compito di laicizzare il cattolicesimo, creando una confessione, il protestantesimo, e una cultura generale, l'Umanesimo, nonché una specifica tipologia artistica, il cosiddetto Rinascimento, che di religioso avevano solo la parvenza. La quale, poi, è stata completamente rimossa dal socialismo scientifico, dopo aver subìto terribili colpi demolitori dalla rivoluzione francese, dalla Comune di Parigi e dagli sviluppi ateistici dell'idealismo hegeliano (Feuerbach, Stirner, i fratelli Bauer e Strauss).

Il merito del socialismo scientifico è stato quello di aver fatto capire che più importante ancora dell'ateismo è il superamento del capitalismo. L'attenzione quindi si è spostata dalle questioni filosofiche e teologiche a quelle economiche (Marx) e politiche (Lenin).

Oggi la religione è solo uno degli strumenti (neanche il più importante: la cinematografia, p.es., lo è molto di più) di cui si serve il capitale per riprodurre culturalmente se stesso. Il capitalismo si serve di tante cose per riprodursi: il consumismo ad oltranza, la democrazia formale, la forza militare, il diritto astratto, la superiorità tecnologica, e via dicendo. Tutti questi strumenti in genere vengono usati in maniera tale che l'*etica* risulta priva di vera umanità. Essa è sì separata dalla religione (e per farlo ha dovuto dimostrare d'essere migliore), ma vive come se fosse del tutto alienata: sul piano teorico vengono affermati princìpi altamente democratici; su quello pratico ci si comporta in maniera completamente opposta.

L'etica borghese è schizofrenica, e il motivo di ciò sta proprio nelle contraddizioni economiche del capitalismo, profondamente lacerato tra la *proprietà* dei mezzi produttivi e il *lavoro* di chi non li possiede. Questa è un'etica che riesce a imporsi sulla religione non per la sua forza morale intrinseca, ma perché alla base è sostenuta da una continua rivoluzione tecnico-scientifica.

Le religioni, per dire qualcosa di utile o di convincente, devono prima aspettare che l'etica borghese, in forza del proprio cinismo, procuri sommi disastri all'umanità, come p. es. le guerre mondiali o le devastazioni ambientali.

Oggi tuttavia è raro trovare qualcuno che creda nella possibilità di superare i limiti dell'etica borghese grazie alla religione. In Occidente i cittadini sono troppo disincantati. È più facile credere che tali limiti siano insuperabili. Al massimo si pensa, ma si tratta di convinzioni molto minoritarie, ch'essi potranno essere superati solo dopo aver abbattuto il sistema capitalistico con una rivoluzione proletaria. In Occidente si è smesso di credere in questa possibilità dopo il fallimento di quella stagione eversiva iniziata nel Sessantotto e conclusa una decina d'anni dopo. Il colpo di grazia l'hanno dato il crollo del "socialismo reale" e l'insuccesso della *perestrojka* gorbacioviana, con cui si sperava di poter passare dal socialismo burocratico a quello democratico.

Nel mondo della sinistra radicale non manca chi pensa che nell'attuale Cina sia possibile far coesistere una politica governativa di tipo socialista con una economia prettamente borghese, ma si tratta di un'illusione. Là dove sul piano sociale si sviluppa il capitalismo, l'etica e la politica ne risentono inevitabilmente. Una volta affermato il primato del valore di scambio, l'etica sottesa al valore d'uso tende progressivamente a scemare, fino a scomparire del tutto, e tale declino non può essere impedito da una politica che, per affermarsi, usa la forza.

In Cina si sta sperimentando soltanto una forma di capitalismo in cui lo Stato ha la pretesa di fare da arbitro, cioè di giocare il ruolo del controllore. Il fatto che in questo paese la religione non conti pressoché nulla, è la riprova che un'etica laica, di per sé, non rende migliore la società. Potrà farlo soltanto quando sarà sostenuta da una democrazia effettiva, anzitutto sociale ed economica, di cui quella politica sia un semplice riflesso.

Per milioni di anni il genere umano non ha avuto alcun bisogno della religione, proprio perché viveva una forma di socialismo del tutto compatibile con le esigenze riproduttive della natura. Gli uomini primitivi erano atei non perché culturalmente arretrati, ma perché nella loro essenza umana e naturale non soffrivano di contraddizioni antagonistiche, quelle che appaiono irrisolvibili.

Oggi abbiamo bisogno di tornare a quel periodo, con o senza la scienza e la tecnica di cui siamo capaci. Di sicuro non possiamo nutrire nei confronti della scienza quegli stessi atteggiamenti devozionali o fideistici che nel passato si nutrivano nei confronti delle divinità.

Etica e politica nel socialismo

Davvero il socialismo pone la politica al di sopra dell'etica? Gli integralisti religiosi sostengono che è sufficiente tale convinzione per non concedere nulla al socialismo. Infatti per loro la politica, quando ha un primato sull'etica, inevitabilmente si disumanizza, sicché nei confronti della religione diventa ancor peggio dell'etica laica.

In realtà la questione andrebbe rovesciata, nel senso che ci si dovrebbe chiedere se davvero esistono dei *valori etici universali*, la cui applicazione possa prescindere dallo spazio e dal tempo, cioè dei valori che siano indipendenti dalle interpretazioni che determinate comunità locali o nazionale possono darne.

Prendiamo ad es. il diritto alla vita. Apparentemente sembra essere il diritto umano più universale: ne sanno qualcosa i medici col loro "Giuramento di Ippocrate". Eppure le religioni lo interpretano come vogliono. Tante di loro prevedono tranquillamente la pena di morte. Quasi tutte negano alle donne il diritto di abortire, cioè ritengono che abbia più diritti una persona che non c'è di una in carne ed ossa. E non si preoccupano di sapere quale sia la causa di una scelta così dolorosa.

Vi sono Confessioni religiose i cui aderenti, in caso di guerra, rifiuterebbero di difendere la loro patria occupata da una potenza straniera, e solo perché, impugnando le armi, sarebbero costretti a uccidere il nemico. Quante volte sentiamo di genitori credenti che uccidono le loro figlie quando queste decidono di non accettare un "matrimonio combinato" o di sposare chi non segue la loro religione? Sono innumerevoli i casi in cui il diritto alla vita subisce delle interpretazioni unilaterali che impediscono di considerarlo un valore umano universale.

È per questa ragione che il socialismo non sopporta le astrattezze. La politica serve per dare concretezza all'etica. Predicare un'etica universale è una forma di idealismo astratto, una vuota filosofia. Significa, in sostanza, fare gli interessi della politica dominante, cioè fare gli interessi di potere, che generalmente sono di tipo economico, di quelle classi sociali che, per nascondere la privatezza dei loro interessi, predicano appunto i valori universali. Oggi i valori universali che vanno per la maggiore solo la libertà di mercato e la democrazia parlamentare: due valori che fanno anzitutto gli interessi dei monopoli economici e degli organismi finanziari internazionali.

Nelle società divise in classi sociali opposte il potere si è sempre servito della religione per affermare se stesso. E il compito della religione è appunto questo, far credere che esistono valori al di sopra della politica, cui la stessa politica deve rendere conto. In un certo senso la religione è una specie di finta opposizione al sistema: da un lato si serve della propria etica per contestare la politica laica; dall'altro fa concretamente gli interessi di quella politica che vuole strumentalizzarla in funzione anticomunista. Essa odia il socialismo proprio perché il socialismo le impedisce di svolgere questo lavoro ambiguo, che rende ipocriti anche quando lo si compie con le migliori intenzioni.

Un vero credente dovrebbe esser grato al socialismo di averlo tolto dall'imbarazzante posizione di chi, da un lato, predica il bene universale e, dall'altro, oggettivamente, è costretto a fare gli interessi del bene particolare delle classi dominanti.

Quante volte il cristianesimo ha predicato un amore incondizionato per i nemici, tacendo, per opportunismo o convenienza, sulle loro ingiustizie? Quante volte lo ha predicato distinguendo tra nemico e nemico? E quante volte lo ha soltanto predicato? È utopica l'idea di poter superare una società basata sullo sfruttamento del lavoro altrui, senza dover ricorrere alla forza politica e, se occorre, anche militare. Non s'è mai visto da nessuna parte che gli sfruttatori abbiano rinunciato spontaneamente al loro mestiere limitandosi ad ascoltare delle "belle parole".

Il socialismo non afferma il primato della politica per negare all'etica il suo valore: se lo facesse sarebbe cinico o machiavellico o gesuitico. Non è forse stato Machiavelli a far nascere la scienza della politica subordinando nettamente a quest'ultima ogni considerazione di tipo morale? *Perinde ac cadaver* non era forse il motto principale dei gesuiti?

In realtà è proprio il socialismo democratico che sa benissimo come non ci possa essere alcuna etica migliore di quella in grado di dimostrare concretamente il proprio valore. È la prassi il criterio della verità. Semmai è la politica borghese che si deve preoccupare di creare le condizioni favorevoli allo sviluppo di un'etica davvero umanistica.

Compito del socialismo è quello di chiedere all'etica, e quindi anche alla religione, di affermare dei valori che facciano gli interessi non di classi particolari, ma della stragrande maggioranza dei cittadini. Il popolo ha bisogno di valori in cui potersi riconoscere, e questi valori devono essere veri, non costruiti artificiosamente dai poteri dominanti. Valori veri sono quelli che permettono al popolo di vivere un'esistenza *dignitosa*, non lacerata da conflitti che costituiscono una minaccia quotidiana e che costringono a fare scelte indesiderate o che inducono a comportarsi in maniera alienata, degradante.

Il valore della libertà di scelta

Se tutti potessero esercitare *concretamente* il diritto alla libertà di scelta, senza limitarsi a fruirne in maniera puramente teorica, i valori universali si formerebbero spontaneamente. Finché questa libertà non esisterà fattivamente per tutti i cittadini del mondo, la politica avrà tutti i diritti di pretendere un primato sull'etica astratta. Quando invece essa esisterà, scompariranno sia la politica che regolamenta i conflitti di classe o che cerca di superarli, sia la religione che dà per scontato che su questa Terra essi non siano risolvibili. Resterà solo l'etica, *umana* e *democratica*.

Invece di pensare ad astratti valori umani universali, i credenti dovrebbero chiedersi, quando vedono i poteri dominanti manifestare una profonda incoerenza tra ciò che dicono e ciò che fanno: "Che cosa possiamo fare per risolvere tale antinomia?". Cioè non dovrebbero limitarsi a contestare il socialismo solo perché questo non ha idee religiose, ma dovrebbero anche dire basta al consumismo sfrenato, al saccheggio ambientale, alle discriminazioni di genere, allo sfruttamento della forza-lavoro e a tante altre cose che il capitalismo mette in atto quotidianamente sull'intero pianeta.

Cosa fanno i credenti per dimostrare che non sono dei "sepolcri imbiancati"? Che non predicano soltanto pazienza e rassegnazione? Che non sono disposti a chiudere un occhio sulle aberrazioni del capitalismo pur di avere in cambio una fetta del potere?

È palesemente falso sostenere che il socialismo mette in discussione non soltanto l'esistenza di Dio, ma anche il diritto dell'uomo ad avere una speranza ultraterrena. È vero il contrario: una volta risolta la principale questione economica, cioè il conflitto tra capitale e lavoro, tutti saranno finalmente liberi di credere in ciò che professano, senza impedimenti o condizionamenti di sorta. Questo poi senza considerare che il socialismo non nega affatto che possa esistere una dimensione vitale diversa da quella terrena. La materia è eterna e universale, soggetta a perenne trasformazione. Semplicemente il socialismo considera il nostro pianeta come il luogo in cui sperimentare il *lato umano e democratico della materia*. Che poi questa materia sia fatta anche di antimateria o, se si preferisce, di spirito anima energia dynamis... chi mai potrebbe escluderlo? Non abbiamo ancora elementi sufficienti per conoscere l'intera "sostanza" di cui l'universo è fatto.

Politica ed etica, nel socialismo democratico, sono strettamente connesse, nel senso che gli obiettivi dell'una sono gli obiettivi dell'altra. Quando il socialismo si comporta in maniera difforme da tale coerenza, è perché sta imitando il sistema borghese, che è cinico per definizione. Con questa differenza: i capitalisti sono disposti a calpestare qualunque valore etico quando in gioco sono i loro interessi economici; i socialisti imborghesiti lo fanno quando vogliono restare legati alla loro ideologia, senza tener conto della realtà concreta.[35]

Delle due aberrazioni, quella borghese, essendo nata un migliaio di anni fa nei Comuni italiani, è stata in grado di condizionare la realizzazione di tutte le rivoluzioni socialiste. Partorire un socialismo davvero democratico si è rivelato un'operazione incredibilmente complessa, oltre ogni immaginazione. Due guerre mondiali non sono state sufficienti per trovare la giusta strada.

L'umanità però di fronte a sé continua ad avere due sole alternative: o socialismo o barbarie. E se il socialismo che si vuole e si deve creare non è sufficientemente *umano* e *naturale*, la barbarie è assicurata.

Compiti del futuro socialismo democratico

Il socialismo democratico non è altro che un ritorno al comunismo primitivo nella consapevolezza di tutti gli errori compiuti nella storia. Le religioni sono nate in conseguenza della fine del comunismo primitivo. Il cosiddetto "peccato originale" non è stato che la nascita dello schiavismo, cioè di quella esperienza storica che ha posto fine a quel comunismo. Si tratta di capire se questa fine va considerata irreversibile.

La differenza tra socialismo e religione sta nel fatto che quest'ultima non ritiene più possibile su questa Terra un ritorno al paradiso perduto, quello della *foresta*. La liberazione da tutti i "mali" è prevista soltanto nell'aldilà. Ecco perché socialismo e religione sono del tutto incompatibili, almeno nell'obiettivo finale che si propongono, che però condiziona tutto il resto, anzitutto i mezzi con cui conseguirlo.

Fino ad oggi la storia ha sperimentato varie forme di oppressione sociale, ma ognuna di esse, al suo sorgere, si poneva l'obiettivo di superare i limiti dello stile di vita precedente. Schiavismo, feudalesimo e ca-

---

[35] Da notare che sotto la denominazione di "socialismo imborghesito" è possibile farci stare sia la socialdemocrazia occidentale, che è socialista a parole e borghese nei fatti, sia il socialismo burocratico e autoritario, tipico, almeno sino al crollo degli anni Novanta, dei paesi est-europei, ma anche asiatici. Il cosiddetto "socialismo reale" era una forma di dittatura ideologica da parte di una casta di intellettuali, analogamente al giacobinismo della rivoluzione francese. La disumanità della socialdemocrazia borghese era evidente là dove si accettava l'imperialismo occidentale, cioè lo sfruttamento dei popoli coloniali. Quella invece del cosiddetto "socialismo amministrato dall'alto" era evidente là dove lo Stato e il governo in carica impedivano alla società civile ogni forma di libertà di pensiero e di parola.

pitalismo, nelle forme statali o private, sono state delle formazioni sociali che pretendevano di superare i limiti della precedente. Il socialismo statale ha preteso, vanamente, di superare i limiti del capitalismo.

La mia generazione, nata negli anni Cinquanta, ha assistito al superamento del capitalismo privato con quello sostenuto dallo Stato; ha assistito al crollo repentino del socialismo statale, sostituito dal capitalismo statale o privato; sta osservando l'esperimento cinese, in cui un partito sedicente comunista al governo sta gestendo un capitalismo privato e statale. Inoltre nella cosiddetta area "terzomondiale", usata dal capitalismo occidentale in forma "coloniale", le contraddizioni sono diventate talmente esplosive che hanno iniziato a sperimentarsi varie forme di socialismo, con risultati però del tutto insoddisfacenti.

L'umanità procede in maniera contorta, molto diversificata, sulla base di specifiche condizioni storiche. Le uniche esperienze di "socialismo democratico" sembrano essere quelle delle ultime, sparute, comunità primitive che vivono nei luoghi più impervi della Terra.

Che cosa possiamo fare oggi per sopravvivere in maniera dignitosa? Indubbiamente lottare contro le contraddizioni antagonistiche di tutti i sistemi sociali e politici. Bisognerebbe farlo lì dove si è nati e cresciuti, evitando d'illudersi di potersi emancipare emigrando altrove. La conoscenza del proprio territorio, di tutte le sue caratteristiche, è di fondamentale importanza. In secondo luogo occorre recuperare il valore del comunismo primitivo, non solo sul piano teorico, approfondendo gli studi antropologici, ma anche tutelando gli interessi delle ultime comunità rimaste, che non possono essere lasciate da sole a combattere i meccanismi perversi del capitale. In terzo luogo bisogna associare l'idea di socialismo a quella di ambientalismo, poiché solo oggi ci stiamo accorgendo che le risorse naturali sono in via di esaurimento e che taluni danni compiuti alla natura hanno la caratteristica d'essere irreversibili. Infine, per non ripetere gli errori del passato, bisognerebbe cercare di capire bene i motivi per cui, dopo essere risultata clamorosamente vittoriosa, l'esperienza rivoluzionaria del bolscevismo si è trasformata, sotto lo stalinismo (e successivamente sotto il maoismo), in una incredibile dittatura.

Fonti

Luca Ozzano, *Fondamentalismo e democrazia*, ed. Il Mulino, Bologna 2009
Gabriel A. Almond, R. Scott Appleby, Emmanuel Sivan, *Religioni forti. L'avanzata dei fondamentalismi sulla scena mondiale*, ed. Il Mulino, Bologna 2006

Enzo Pace – Renzo Guolo, *I fondamentalismi*, ed. Laterza, Roma-Bari 2002
Gilles Kepel, *La rivincita di Dio*, ed. Rizzoli, Milano 1991

Bibliografia

Di Bari Monica, *Il concordato. La legislazione tra Stato e Chiesa*, 2006, Arianna Editrice
La grande riforma del concordato, 2006, Marsilio
Il codice di diritto canonico e il nuovo concordato vent'anni dopo, 2006, Minerva Edizioni (Bologna)
Beretta Roberto, *Chiesa padrona. Strapotere, monopolio e ingerenza nel cattolicesimo italiano*, Piemme 2006
De Gasperi Alcide, *Lettere sul concordato*, 2004, Marietti
Scattolin Francesco, *Il fascio e la tiara. 1929: dal concordato, il plebiscito*, 2002, Cierre Edizioni
Valorizzazione dei beni culturali ecclesiastici e autonomie regionali nell'attuazione dell'art. 12 del concordato 1984. Atti del Convegno (Praglia), 1999, Il Poligrafo
Spadolini Giovanni, *La questione romana. Dal cardinale Gasparri alla revisione del concordato*, 1997, Mondadori Education
Lillo Pasquale, *Concordato, «Accordi» e «Intese» tra lo Stato e la Chiesa cattolica*, 1990, Giuffrè
La revisione del concordato nelle discussioni parlamentari, 1993, Edizioni Scientifiche Italiane
Acquaviva Gennaro; De Rita Giuseppe, *La chiesa galassia e l'ultimo concordato*, 1986, Rusconi Libri
Scalera Lucia, *Beni culturali e «Nuovo concordato»*, 1990, Giuffrè
Concordato e legge matrimoniale, 1990, Jovene
Mannucci Andrea, *I protestanti e la religione a scuola. Analisi della stampa protestante dalla revisione del concordato ad oggi*, 1994, Centro Editoriale Toscano
Drigani Andrea, *L'assistenza spirituale negli ospedali e nelle carceri. Analisi e commento dell'art. 11 dell'accordo di revisione del Concordato lateranense*, 1988, LAS
Il concordato. Trattato internazionale o patto politico?, 1978, Borla
Ainis Michele, *Chiesa padrona. Un falso giuridico dai Patti Lateranensi a oggi*, 2009, Garzanti Libri
Prospero Michele, *Alle origini del laico. Diritto e secolarizzazione nella filosofia italiana*, 2006, Franco Angeli

Bibliografia su Lulu

www.lulu.com/spotlight/galarico

- Cinico Engels. Oltre l'Anti-Dühring
- Amo Giovanni. Il vangelo ritrovato
- Pescatori di uomini. Le mistificazioni nel vangelo di Marco
- Contro Luca. Moralismo e opportunismo nel terzo vangelo
- Arte da amare
- Letterati italiani
- Letterati stranieri
- Pagine di letteratura
- L'impossibile Nietzsche
- In principio era il due
- Da Cartesio a Rousseau
- Le teorie economiche di Giuseppe Mazzini
- Rousseau e l'arcantropia
- Esegeti di Marx
- Maledetto capitale
- Marx economista
- Il meglio di Marx
- Io, Gorbaciov e la Cina (pubblicato dalla Diderotiana)
- Il grande Lenin
- Società ecologica e democrazia diretta
- Stato di diritto e ideologia della violenza
- Democrazia socialista e terzomondiale
- La dittatura della democrazia. Come uscire dal sistema
- Etica ed economia. Per una teoria dell'umanesimo laico
- Preve disincantato
- Che cos'è la coscienza? Pagine di diario
- Che cos'è la verità? Pagine di diario
- Scienza e Natura. Per un'apologia della materia
- Siae contro Homolaicus
- Sesso e amore
- Linguaggio e comunicazione
- Homo primitivus. Le ultime tracce di socialismo
- Psicologia generale
- La colpa originaria. Analisi della caduta
- Critica laica
- Cristianesimo medievale
- Il Trattato di Wittgenstein

- Laicismo medievale
- Le ragioni della laicità
- Diritto laico
- Ideologia della Chiesa latina
- Esegesi laica
- Per una riforma della scuola
- Interviste e Dialoghi
- L'Apocalisse di Giovanni
- Spazio e Tempo
- I miti rovesciati
- Pazìnzia e distèin in Walter Galli
- Zetesis. Dalle conoscenze e abilità alle competenze nella didattica della storia
- La rivoluzione inglese
- Cenni di storiografia
- Dialogo a distanza sui massimi sistemi
- Scoperta e conquista dell'America
- Il potere dei senzadio. Rivoluzione francese e questione religiosa
- Dante laico e cattolico
- Grido ad Manghinot. Politica e Turismo a Riccione (1859-1967)
- Ombra delle cose future. Esegesi laica delle lettere paoline
- Umano e Politico. Biografia demistificata del Cristo
- Le diatribe del Cristo. Veri e falsi problemi nei vangeli
- Ateo e sovversivo. I lati oscuri della mistificazione cristologica
- Risorto o Scomparso? Dal giudizio di fatto a quello di valore
- Cristianesimo primitivo. Dalle origini alla svolta costantiniana
- Le parabole degli operai. Il cristianesimo come socialismo a metà
- I malati dei vangeli. Saggio romanzato di psicopolitica
- Gli apostoli traditori. Sviluppi del Cristo impolitico
- Grammatica e Scrittura. Dalle astrazioni dei manuali scolastici alla scrittura creativa
- La svolta di Giotto. La nascita borghese dell'arte moderna
- Poesie: Nato vecchio; La fine; Prof e Stud; Natura; Poesie in strada; Esistenza in vita; Un amore sognato

Indice

Premessa..5
Introduzione al concetto di laicità......................................8
    Come viene intesa la laicità dalla chiesa romana........................8
    Come dovrebbe essere intesa la laicità in uno Stato
    democratico?..11
    Le difficoltà nella definizione del concetto di laicità...............13
    La separazione tra Stato e chiesa..15
    Che cos'è la libertà di coscienza?..20
    Perché separare la chiesa dalla scuola statale?........................23
    Per uno Stato laico e democratico..24
I rapporti tra Stato e chiesa dalle origini ad oggi.....................28
Capire la separazione. Aspetti storici e teorici.........................35
L'atteggiamento nei confronti della religione...........................43
    Religione pubblica o privata?..44
Chiesa padrona. Un falso giuridico dai Patti Lateranensi a oggi...46
Revisione o abolizione del Concordato?......................................48
    Principi generali..49
    I beni culturali..51
    Il matrimonio concordatario...51
    Il finanziamento della chiesa...52
    L'insegnamento della religione..53
    In sintesi..57
Costituzione e religione..58
    Gli articoli di legge...59
Politica e diritto nelle questioni religiose..................................66
    Libertà di coscienza e libertà di religione..............................69
    Stato laico o ateo?..71
    Stato e partito: quale differenza verso la religione?...............72
    Stato e chiesa possono coesistere pacificamente?..................73
    La personalità giuridica...75
    I rischi del credere..78
Il regime concordatario. La critica di Gramsci.........................81
La nuova legge russa sulla libertà di coscienza.........................84

Le novità principali..84
Perché questa legge?...87
Dall'ateismo alla laicità...88
La legge in uno Stato laico..90
L'umanesimo nella religione...92
Sulla libertà di coscienza...94
Nota sulla nuova legge sovietica della libertà di coscienza.......97
Nota sulla legislazione precedente...98
Bibliografia..98
Proposta di legge sulla libertà di coscienza..................................100
Libertà di coscienza e di religione..100
Confessioni e associazioni religiose...105
Stipulazione di intese..109
Disposizioni finali e transitorie...112
Socialismo, Democrazia, Laicità e Religione...............................114
Premessa..114
Ateismo e religione: conflitto o pacifica convivenza?..............114
Contraddizioni soggettive e oggettive......................................120
Filosofia del lavoro o Weltanschauung?...................................121
Sfruttamento economico e morale...122
L'esempio del padrone e del servo..124
La politicità della fede e il fondamentalismo monoteistico.....126
Etica e politica fra religione e ateismo.....................................129
Laicità e democrazia..131
Stato e Chiese possono coesistere pacificamente?...................132
Quand'è che uno Stato è davvero laico e democratico?...........134
Può esistere una internazionalizzazione della fede?................136
Stati e Chiese nazionali...138
Etica e religione: quale futuro?...140
Etica e politica nel socialismo..142
Il valore della libertà di scelta...143
Compiti del futuro socialismo democratico.............................145
Bibliografia..148
Bibliografia su Lulu..149

www.ingramcontent.com/pod-product-compliance
Lightning Source LLC
Chambersburg PA
CBHW071029240526
45469CB00006BD/2143